高职高专新能源汽车专业"十四五"创新教材

新能源汽车
高压安全与防护

主　编　吴荣辉　金朝昆
副主编　白国兵　范光明　李志军
参　编　顾小冬　胡丁凡　李　颖　刘存山

机械工业出版社

《新能源汽车高压安全与防护》全面、系统地介绍了新能源汽车的高压电路、安全设计与安全隐患、安全防护与工具设备使用、高压维修车间管理标准，以及故障检修安全操作与应急处理。附录中特别给出了特种作业操作证（低压电工作业证）考证资料。读者在学习其他新能源汽车课程之前，可学会安全防护以及基本的安全规范操作，并掌握绝缘电阻检测、高电压与电流检测、高压中止与检验等必备的技能。本书通俗易懂，图文并茂，形式生动活泼，有利于激发学生的学习兴趣。

本书可供新能源汽车专业的学生使用，也适用于其他汽车专业方向学生学习新能源汽车知识和技能，同时还可供在职的汽车销售顾问、售后服务顾问、维修技师、保险理赔员以及其他汽车行业工程技术人员作为培训教材及阅读参考。

本书配备教学课件，选用本书作为教材的教师可在机械工业出版社教育服务网（www.cmpedu.com）注册后免费下载，或添加客服微信号码13070116286获取。

图书在版编目（CIP）数据

新能源汽车高压安全与防护 / 吴荣辉，金朝昆主编. — 北京：机械工业出版社，2021.7
（2025.7重印）
高职高专新能源汽车专业"十四五"创新教材
ISBN 978-7-111-68442-8

Ⅰ.①新… Ⅱ.①吴… ②金… Ⅲ.①新能源–汽车–安全技术–高等职业教育–教材
Ⅳ.①U469.7

中国版本图书馆CIP数据核字（2021）第113095号

机械工业出版社（北京市百万庄大街22号　邮政编码100037）
策划编辑：齐福江　　　　责任编辑：齐福江
责任校对：肖　琳　　　　封面设计：鞠　杨
责任印制：李　昂
涿州市般润文化传播有限公司印刷

2025年7月第1版第11次印刷
184mm×260mm・9.5印张・235千字
标准书号：ISBN 978-7-111-68442-8
定价：45.00元

电话服务　　　　　　　　　网络服务
客服电话：010-88361066　　机　工　官　网：www.cmpbook.com
　　　　　010-88379833　　机　工　官　博：weibo.com/cmp1952
　　　　　010-68326294　　金　书　网：www.golden-book.com
封底无防伪标均为盗版　　　机工教育服务网：www.cmpedu.com

FOREWORD 前言

党的二十大报告提出绿色发展理念，要求"积极稳妥推进碳达峰碳中和"。新能源汽车是我国实现绿色发展，达成双碳目标的战略性新兴产业。在党的二十大精神指引下，国家相关部门陆续出台新能源汽车及其上下游产业链的扶持政策。在相关产业政策的推动下，我国新能源汽车产业快速发展，新能源汽车市场占有率屡创新高。

党的二十大报告非常明确地把大国工匠和高技能人才作为人才强国战略的重要组成部分，人才培养已经成为重大课题。新能源汽车快速发展，汽车后市场将需要大量新能源汽车销售、维修及其他各方面的人才，因此目前全国大多数的职业院校开设了新能源汽车专业或新能源汽车相关课程，以满足行业对人才的需求。由于新能源汽车具有高电压，涉及人身安全，因此新能源汽车高压安全与防护是新能源汽车课程中最重要，也是学生首先需要掌握的内容。

为满足职业教育及汽车维修行业的迫切需求，由新能源汽车一线培训专家、维修技师及职业院校资深教师主导编写了这本《新能源汽车高压安全与防护》，全面、系统地介绍新能源汽车的高压电路、安全设计与安全隐患、安全防护与工具设备使用、高压维修车间管理标准，以及安全操作与应急处理。读者在学习其他新能源汽车课程之前，可学会安全防护以及基本的安全规范操作，并掌握绝缘电阻检测、高电压与电流检测、高压中止与检验等必备的技能。

本书共分为五个项目，每个项目包含两个任务。项目一介绍新能源汽车高压电路，包含高压电路与触电急救，以及新能源汽车高压部件识别；项目二介绍新能源汽车安全设计特点与安全隐患，包含新能源汽车安全设计特点，以及新能源汽车安全隐患与事故形式；项目三介绍新能源汽车安全防护装备与工具设备使用，包含安全防护装备使用，以及绝缘拆装工具和检测设备使用；项目四介绍新能源汽车高压维修车间管理标准，包含高压维修车间安全管理，以及高压维修操作标准流程；项目五介绍新能源汽车故障检修安全操作与应急处理，包含高压中止与检验，以及新能源汽车故障应急处理。为了满足特种作业操作证（低压电工作业证）考证人员的需求，本书将证书报考须知及考核大纲，以及部分考核内容（参考题目）作为附录提供。

本书内容通俗易懂，图文并茂，形式生动活泼，有利于激发学生的学习兴趣。本书可供职业院校新能源汽车专业的学生使用，也适用于其他汽车专业方向学生学习新能源汽车知识和技能，同时还可供在职的汽车销售顾问、售后服务顾问、维修技师、保险理赔员以及其他汽车行业工程技术人员作为培训教材及阅读参考。

本书配套教学资源库，可以通过扫描书中的二维码观看原理及实操视频，直观地学习结构原理及操作流程。本书配套电子版的实训工单及课件等教学资源，职业院校教师可以根据学校配套实训设备等其他条件进行调整使用。

本书由吴荣辉、金朝昆任主编，白国兵、范光明、李志军任副主编，参编人员有顾小冬、胡丁凡、李颖、刘存山。广东合赢教育科技股份有限公司、北京教盟博飞汽车科技有限公司提供技术支持及教学资源。

限于编者的水平，书中难免存在不当之处，敬请广大读者批评指正。本书在编写过程中，参考了一些相关著作和汽车厂家的培训课件，在此一并向有关作者及汽车厂家表示最真诚的感谢！

编　者

CONTENTS
目 录

前　言

项目一　新能源汽车高压电路 ·· 1
　　任务一　高压电路与触电急救 ·· 1
　　任务二　新能源汽车高压部件识别 ··· 15

项目二　新能源汽车安全设计特点与安全隐患 ·· 29
　　任务一　新能源汽车安全设计特点 ··· 29
　　任务二　新能源汽车安全隐患与事故形式 ·· 43

项目三　新能源汽车安全防护装备与工具设备使用 ·· 53
　　任务一　安全防护装备使用 ··· 53
　　任务二　绝缘拆装工具和检测设备使用 ·· 63

项目四　新能源汽车高压维修车间管理标准 ··· 81
　　任务一　高压维修车间安全管理 ··· 81
　　任务二　高压维修操作标准流程 ··· 89

项目五　新能源汽车故障检修安全操作与应急处理 ······································ 101
　　任务一　高压中止与检验 ··· 101
　　任务二　新能源汽车故障应急处理 ··· 112

附　录　特种作业操作证（低压电工作业证）考证资料 ···························· 123

参考文献

项目一 新能源汽车高压电路

项目描述

新能源（电动）汽车的动力电池及相关的部件具有高电压，这会对人体产生伤害。无论是研发、生产，还是售后技术人员，如果没有正确认识新能源汽车具有的高压风险和正确处理涉及的高压工作区域的防护，都会导致严重的高压伤害。本项目主要介绍进行高压电路与急救基础知识，以及新能源汽车动力电池及相关高压部件的认知。

本项目包括以下两个任务：

任务一，高压电路与触电急救；

任务二，新能源汽车高压部件识别。

通过以上两个任务的学习，你将掌握新能源汽车高压电可能对人体造成伤害的原因，触电急救方法，以及认识新能源汽车高压部件。

任务一 高压电路与触电急救

学习目标

知识目标

1. 能够描述高压电对人体伤害的基本理论。
2. 能够描述人体触电的基本形式。
3. 能够描述触电后的急救基本理论与方法。

技能目标

能够执行触电事故的处理与急救。

素质目标

1. 培养良好的职业道德和工匠精神。
2. 培养安全意识和团队协作精神。
3. 培养自我管理和自主学习能力。

任务导入

如果你的一位同事在维修电动汽车时,因违章操作导致了触电事故,你知道应该如何救助他吗?

获取信息

引导问题一　人体为什么会触电?交流电和直流电对人体伤害一样吗?

1. 电压的安全级别

依据目前最新的国家标准 GB 18384—2020《电动汽车安全要求》中对人员触电防护的要求,考虑到空气的湿度和人体在不同工作环境下的电阻,根据不同电压等级可能对人体产生的伤害和危险程度不同,在新能源(电动)汽车中将车辆电压按照类型和数值分为两个安全级别,见表 1-1-1。

表 1-1-1　电压等级　　　　　　　　　　　　　　(单位:V)

电压等级	工作电压 U	
	直流	交流(有效值)
A	$0 < U \leq 60$	$0 < U \leq 30$
B	$60 < U \leq 1500$	$30 < U \leq 1000$

注:A 级是较为安全的电压等级,该电压下的维修人员不需要采取特殊的防电保护。
　　B 级属于高电压等级,对人体会产生伤害,必须采取防护装备(绝缘)对维护人员进行保护。

2. 人体安全电压与致命电流

在日常生活中,通常我们认为安全电压是 36V(交流),但最新的国标规定是直流 60V 以下,交流 30V 以下。

通常当人体接触到 30V 以上的交流电,或 60V 以上的直流电时,就有可能会发生触电事故。人体的触电并不是指接触到了很高的电压,而是因为过高的电压通过人体这个电阻后,会在人体中形成电流,从而导致对人体的伤害。因此必须注意的是,伤害人体的不是电压,而是电流。

如图 1-1-1 所示,人体的电阻会存在个体的差异性,例如胖人和瘦人、男人和女人,其电阻值都可能不一样;另外,人体所处的工作环境,也会导致人体的电阻值发生变化,例如在潮湿的夏天和干燥的冬天,人体表现的电阻就不一样,环境越潮湿,人体的电阻就会越小。此外,还需要注意的是,每个人对电流流过身体的反应也不一样,有一部分人可能能够承受更大的电流。

当电压高到一定值以后,会有相应的电流流过人体。如图 1-1-2 所示,通过人体的电流越大、时间越长,对人体的伤害也就越严重。如果有大约 1mA 的电流通过人体时,就

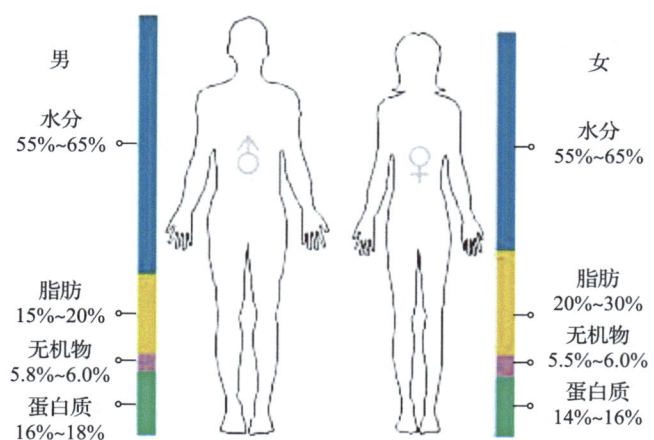

图 1-1-1 人体电阻的差异性

会产生麻木感，电流达到 5~10mA 肌肉就会开始收缩并产生疼痛感。人体内通过的电流超过 10mA 时，到达了导出电流的极限，人体无法再导走电流，电流的滞留时间也相应增加。30~100mA 交流电的长时间滞留会导致呼吸停止以及心室纤维性颤动。经过人体的电流达到大约 80mA，被认为是"致命值"。

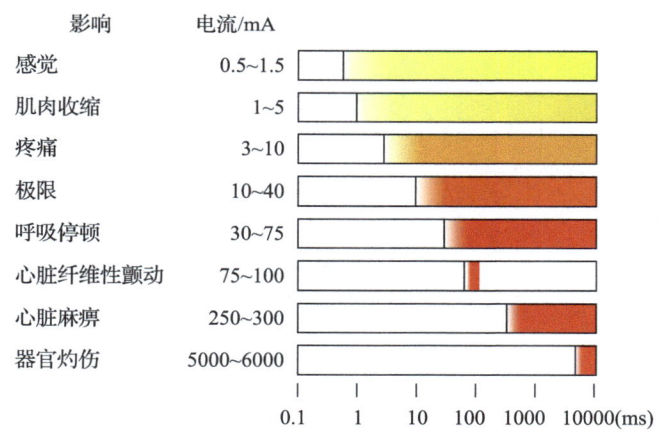

图 1-1-2 电流对人体的伤害

需要注意的是，人体之所以能够导电，主要的原因是血液含有电解液成分，导致了导电性。而人体的皮肤、肌肉也具有一定的导电能力。对于大多数人来说，整个身体的总电阻值是很低的，特别是有主动脉的地方（胸腔部位和躯干），而最大的危险发生在电流通过人体心脏时刺激心脏产生的异常颤振。

如图 1-1-3 所示，假如一个人的电阻是 1080Ω，接触到 288V 的直流电压，根据欧姆定律，人体电流 $I = U/R = 288V/1080Ω ≈ 0.27A$。也就是说穿过人体电流达 270mA，这个电流值如果在心脏的滞留时间达到大约 10~15ms 就会致命！

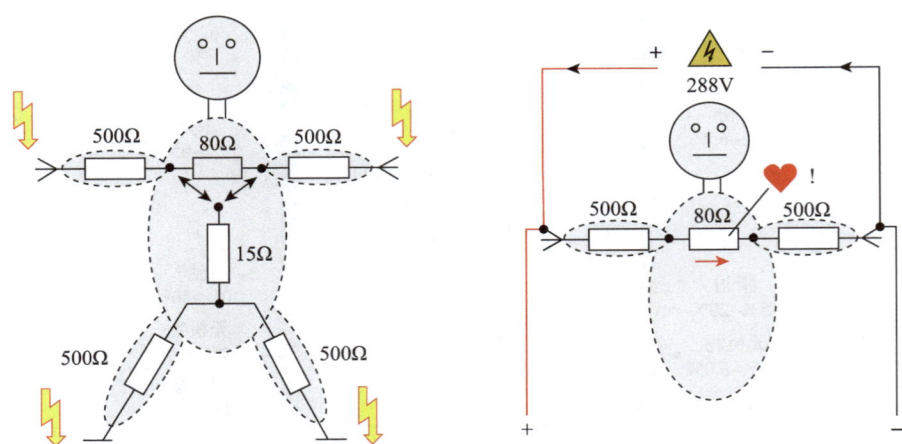

图 1-1-3 人体的电阻与通过人体的电流

3. 交流与直流触电对人体的伤害

直流电与交流电都会对人体产生伤害，但是交流电对人体伤害的程度约只有直流电的一半。

直流电对人体伤害比交流电伤害要严重，是因为直流电对电阻的瞬间冲击性明显高于交流电。

但是，由于交流电存在 50Hz 的交变频率，其交变系数接近于人体的心脏跳动频率，一旦触电的话，因两者频率接近，触电的时候交流电的频率加于人体上，导致心肌舒张随交流电频率而行，加上人体自身的心脏搏动频率，很容易导致心脏跳动紊乱，致使触电者出现心室颤抖，血液得不到有效循环，最终导致其他器官缺氧死亡。因此，也有人认为交流电的危害更甚于直流电。

通常情况下，新能源汽车高电压系统中的驱动电机由三相交流电压驱动。驱动电机的输出功率和转速由电压高低和频率控制。因为三相电机处于运转状态，引发的电气事故相当危险。

如果电器设备的电压规格中注明了交流电压，则该电压指的是行业内通用的有效电压数值。但是，实际的接触电压可能会高得多，这取决于交流电压的波形（频率和幅值）。

❓ 引导问题二 人体是怎样触电的？触电后会对人体造成怎样的伤害？

1. 人体触电的方式

人体产生触电的前提是人体与所接触的电源之间形成了回路，有电流流经人体后才会导致触电。

新能源汽车的高电压系统是与车身之间隔离的，在如图 1-1-4 所示的情况下，人体是不会产生触电，原因就在于人体没有与电源之间形成回路。但是，当高电压部件发生对车身搭铁（接地）故障时，即如图 1-1-5 所示的情况下，人体就可能发生触电事故。

项目一　新能源汽车高压电路　**5**

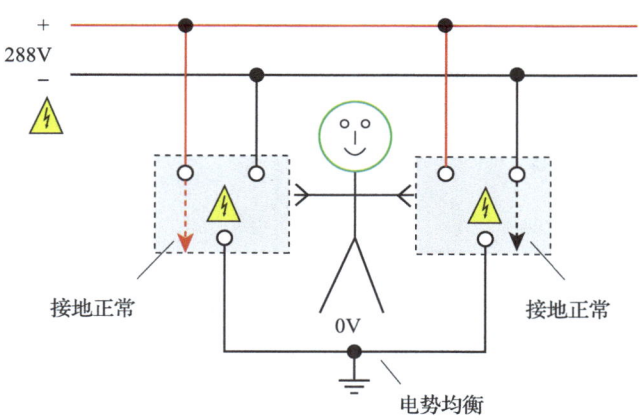

图 1-1-4　非触电情况

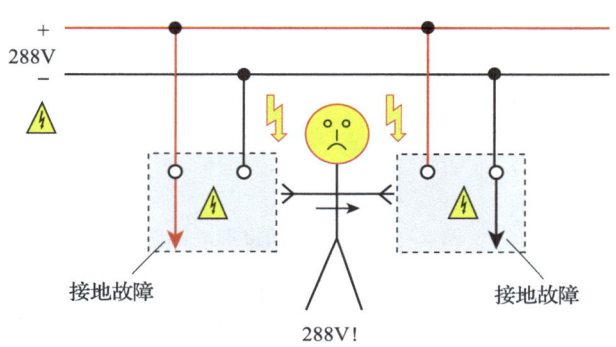

图 1-1-5　触电情况

人体触电时，电流通过人体的心脏、肺部和中枢神经系统的危险性较大，因此从手到脚的电流途径最为危险，沿该条途径有较多的电流通过心脏、肺部等重要器官；其次是从一只手到另一只手的电流途径，如图 1-1-6 所示。

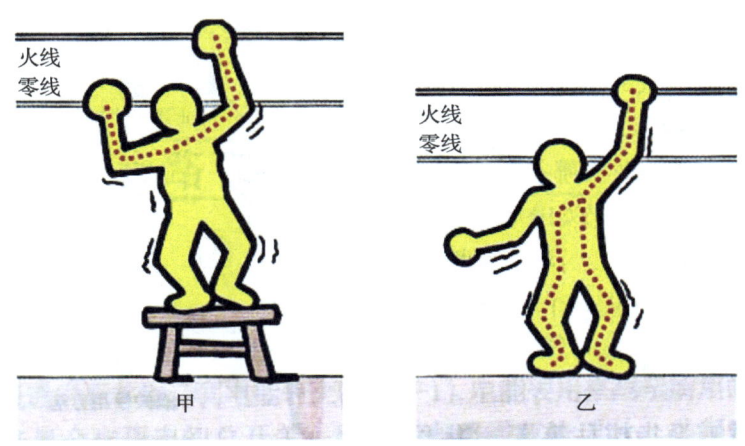

图 1-1-6　最危险的触电形式

高电压系统的维修人员在实际工作中,应该避免因为操作导致自身与电压系统形成回路,如图 1-1-7 所示的这种直接触电方式是大多数维修人员能够理解并避免的。但是在图 1-1-8 所示的两种间接触电形式却是很容易被维修人员所忽视的。表 1-1-2 所列是高压电路发生电击风险的情形。

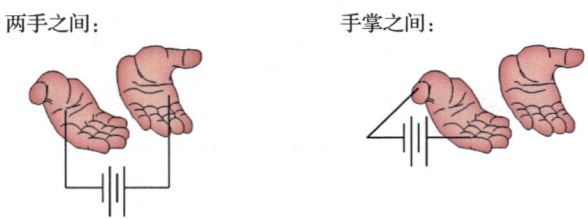

图 1-1-7　避免直接形成回路

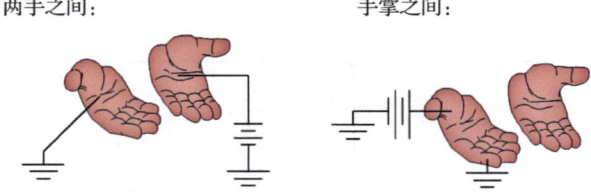

图 1-1-8　避免间接形成回路

表 1-1-2　高压电路发生电击风险的情形

事　例	情　形	电击风险
人体绝缘时触摸高电压 + 侧		无风险
当漏电时触摸车身(高电压 - 侧)		无风险
当漏电时触摸高电压 + 侧		可能被电击 (绝缘情况)
触摸高电压 + 和 - 侧		一定被电击!

2. 高电压对人体的伤害形式

能够最终对人体产生伤害的是电流，电流对人体的伤害有以下几种形式：

电击伤害：是指电流通过人体，破坏人的心脏、肺及神经系统的正常功能。

电伤伤害：是指电流的热效应、化学效应和机械效应对人体的伤害，主要指电弧烧伤、熔化金属溅出烫伤等。

电磁场生理伤害：是指在高频电磁场的作用下，人会出现头晕、乏力、记忆力减退、失眠、多梦等神经系统的症状。

此外，触电还容易因剧烈痉挛而摔倒，导致电流通过全身并造成摔伤、坠落等二次事故。

一般情况下，产生最多的伤害是电击事故，电击对人体造成的伤害包括以下效应。

（1）电击效应

电流低于导通限值时，会有相应的电击反应，从而容易因肢体不受控制和失去平衡而导致受伤，如图 1-1-9 所示。

（2）热效应

电流导入导出点处会发生烧伤和焦化，也会发生内部烧伤。结果是导致肾脏负荷过大，甚至造成致命的伤害。

图 1-1-9　电击效应伤害

如果发生静态短路也会产生热效应，例如拆装工具短路后急剧发热，会导致材料熔化，从而可能发生烧伤事故，如图 1-1-10 是类似电击产生的热效应形式。

图 1-1-10　类似电击产生的热效应形式

（3）化学效应

人体的血液和细胞液成为电解液并被电解，结果会发生严重的中毒。中毒情况可能在几天后才能被发现，因此伤害极大。

（4）肌肉刺激效应

所有的身体功能和人体肌肉运动都是由大脑通过神经系统的电刺激来控制。如果通过人体的电流过高，肌肉开始抽搐，大脑再也无法控制肌肉组织。例如，握紧的拳头再也无法打开或者移动，甚至会"主动抓住"带电体。

如果电流经过了胸腔，肺部会产生痉挛（呼吸停止），心脏的跳动节奏会被中断（心室纤维化颤动，无法进行心脏的收缩扩张运动）。

（5）由于短路引起火花

如图 1-1-11 所示，电路短路后，金属熔化会产生飞溅的火花，飞溅出来的金属颗粒温度超过 5000℃，可能引起烧伤并严重伤害眼睛。

图 1-1-11　高压电路短路产生火花

（6）带电高压线路接通和断开时所产生的弧光

如图 1-1-12 所示，高压击穿空气产生电弧，光辐射可能造成电光性眼炎。

图 1-1-12　高压击穿空气产生电弧

❓ 引导问题三　如果发生了触电事故，应该如何进行急救处理？

1. 脱离电源

在新能源汽车维修中，如果不幸发生了人员触电事故，援救触电事故中受伤人员时，救援人员自身的安全是第一位的，绝对不要去触碰仍然与电压有接触的人员。

人体触电以后，可能由于痉挛或失去知觉等原因而紧紧抓住带电体，触电者无法自己摆脱电源。抢救触电者的首要步骤就是使触电者尽快脱离电源。如果可能，应立即将电气系统断电，或用不导电的物体（如绝缘木棒、非金属扫帚把等）把事故受害者或者导电体与电压分离，如图1-1-13所示。在新能源汽车触电施救中脱离电源的方法是带上绝缘手套将触电人员移开，或者切断高压电源。总之，要因地制宜，灵活运用各种方法，快速切断电源，防止事故扩大。在进行施救的同时，应立即拨打120急救电话，如图1-1-14所示，获取专业的救援。

图1-1-13　脱离电源

图1-1-14　拨打120急救电话

2. 现场急救

当触电者脱离电源后，应根据触电者的具体情况迅速对症救护，力争在触电后1min内进行救治。根据国内外的急救资料表明，触电后在1min内进救治的，90%以上有良好的效果，而超过12min再开始救治的，基本无救活的可能。现场应用的主要方法是口对口人工呼吸和体外心脏挤压法，严禁打强心针。

如图1-1-15所示，在进行触电现场应急处理与急救时，必须遵守基本的高压触电急救流程。

根据情形，常用的触电急救方法如下。

（1）情形1：神志尚清醒，但心慌力乏，四肢麻木

对于该类人员一般只需将其扶到清凉通风之处休息，让其自然慢慢恢复。但要派专人照料护理，因为有的病人在几小时后会发生病变而突然死亡，如图1-1-16所示。

（2）情形2：有心跳，但呼吸停止或极微弱

对于该类人员应该采用口对口人工呼吸法进行急救，如图1-1-17所示。人工呼吸法可按下述口诀进行，频率是每分钟约12次：

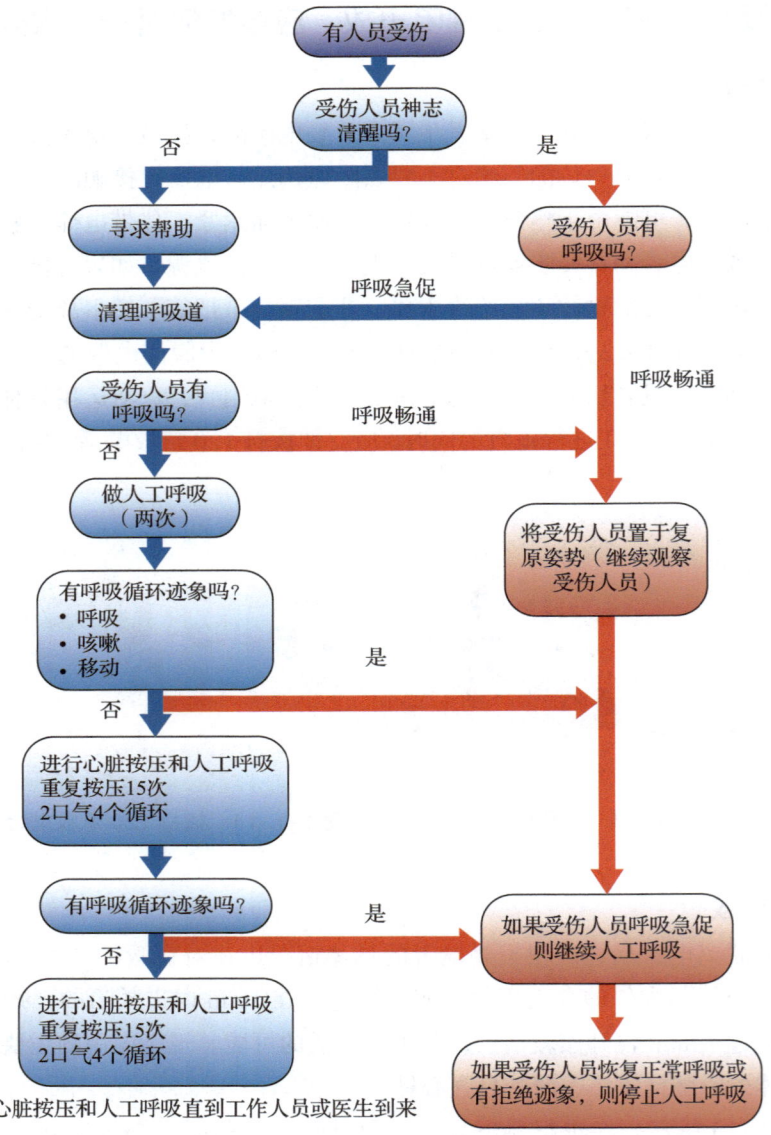

图 1-1-15 高压触电急救流程

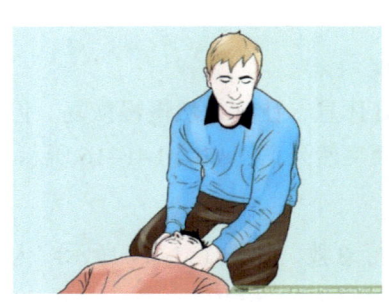

图 1-1-16 专人照料病人

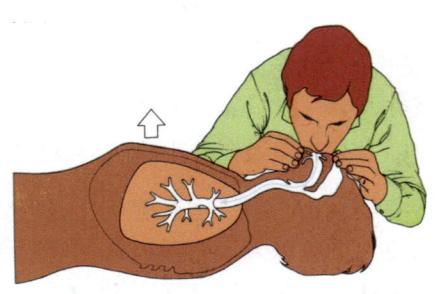

图 1-1-17 人工呼吸法

清理口腔防堵塞，鼻孔朝天头后仰；贴嘴吹气胸扩张，放开口鼻换气畅。

（3）情形3：有呼吸，但心跳停止或极微弱

对于该类人员应该采用人工胸外心脏挤压法来恢复病人的心跳，如图1-1-18所示。一般可以按下述口诀进行，频率是每分钟约60~80次：

当胸一手掌，中指对凹腔；掌根用力向下压，压下突然收。

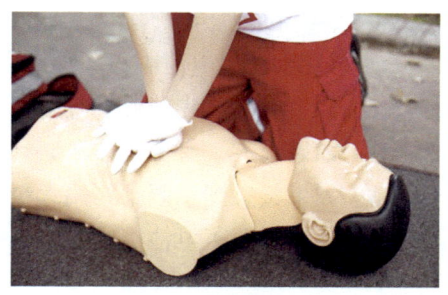

图1-1-18 人工胸外心脏挤压法

（4）情形4：心跳、呼吸均已停止者

该类人员的危险性最大，抢救的难度也最大。应该把以上两法同时使用，亦即采用"心肺复苏"的方法。最好是两人一起抢救，如果仅有一人抢救时，应先吹气2~3次，再挤压心脏15次，如此反复交替进行。

心肺复苏是指对早期心跳呼吸骤停的患者，通过采取人工循环、人工呼吸、电除颤等方法帮助其恢复自主心跳和呼吸。高压触电以后，会短时间让人体心脏骤停，恰当的、第一时间心肺复苏可以成功挽救80%以上的触电人员生命。如图1-1-19所示为心肺复苏的流程。

心肺复苏抢救流程图

1 判断意识
拍双肩，唤双耳，搭脉搏，10s内完成；如有意识，根据患者症状求助，注意呼吸循环。

2 呼救（打120）

3 摆放仰卧体位

4 胸外按压30次（儿童15次）
- 位置：胸部正中，两乳头连线中点；
- 姿势：肩关节、肘关节、腕关节垂直成一条直线，双手掌重叠，手指抬起，掌根用力；
- 力度：按下去至少5cm；
- 频率：至少100次/min。

5 开放气道（仰头举颌法）

6 人工吹气2次（儿童1次）
捏鼻，口包口，吹气

7 重复"456"步

评估患者
- 有无自主呼吸；
- 大动脉有无搏动；
- 上肢收缩压>60mmHg；
- 瞳孔对光反射存在；
- 面色、口唇、皮肤色泽转为红润。

图1-1-19 心肺复苏的流程

提示：心肺复苏流程仅供参考。请参照专业医疗救助流程操作！

（5）其他情形

如果发生动力电池破损泄漏事故时，还应该按以下要求进行处理：

1）如果发生了皮肤接触电解液，用大量的清水进行冲洗。

2）如果吸入了有毒气体，必须马上呼吸大量新鲜空气。

3）如果接触到了眼睛，用大量的清水进行冲洗（至少 10min）。

4）如果吞咽了电池内容物，应喝大量清水，并且避免呕吐。

任务实施

1. 实施要求

本任务主要学习在发生触电突发事故情况下，如何正确执行急救。内容包括：

1）心肺复苏触电急救培训——胸外按压。

2）心肺复苏触电急救培训——开放气道与人工呼吸。

2. 实施准备

1）防护装备：常规实训着装。

2）车辆、台架、总成：无。

3）设备、专用工具：电脑心肺复苏模拟人。

4）手工工具：无。

5）辅助材料：无。

3. 实施步骤

教师演示心肺复苏基本操作方法与注意事项，学生利用"电脑心肺复苏模拟人"或相互练习心肺复苏操作方法。

（1）胸外按压

提示：只要判断心脏骤停，应立即进行胸外按压，以维持重要脏器的功能。

1）步骤 1：

记录：_____
_____

2）步骤 2：

记录：_____
_____

3）步骤 3：

记录：_____
_____
_____

4）步骤4：

记录：_____

_____

_____

（2）开放气道与人工呼吸

提示： 去除气道内异物，开放气道应先去除气道内异物。如无颈部创伤，清除口腔中的异物和呕吐物时，可一手按压开下颌，另一手用食指将固体异物钩出，或用指套或手指缠纱布清除口腔中的液体分泌物。

1）步骤1：

记录：_____

_____

_____

2）步骤2：

记录：_____

_____

_____

_____

任务考核

一、自我测试　　　　　　　　　　　　　满分：__20分__ 得分：____

1. 判断题（每题1分）

1）通常当人体接触到30V以上的交流电，或60V以上的直流电时，人体就有可能会发生触电事故。　　　　　　　　　　　　　　　　　（　　）

2）人体只要接触到电源，就一定会导致触电的事故。　　　　　　（　　）

3）新能源汽车的高电压系统是与车身之间连接的。　　　　　　　（　　）

4）电流对人体的伤害有三种形式：电击、电伤和电磁场伤害，以及电击带来的二次伤害。　　　　　　　　　　　　　　　　　　　　　（　　）

5）电流通过人体的心脏、肺部和中枢神经系统的危险性较大，特别是电流通过心脏时，危险性最大。　　　　　　　　　　　　　　　（　　）

6）不幸发生了人员触电事故，绝对不要去触碰仍然与电压有接触的人员。应尽量立即将电气系统断电，或用不导电的物体（如木板、扫帚把等）把事故受害者或者导电体与电压分离。　　　　　　　　　　（　　）

7）在触电施救中脱离电源的方法是带上绝缘手套将触电人员脱开，或者切断高压电源。　　　　　　　　　　　　　　　　　　　　　　　（　　）

8）只要判断心脏骤停，应立即进行胸外按压，以维持重要脏器的功能。（　　）

9）急救时，开放患者气道应先去除气道内异物。　　　　　　　　　（　　）

10）如果发生了触电事故，施救的同时应立即拨打 120 急救电话。　 （　　）

2. 单选题（每题 2 分）

1）目前国标对安全电压规定是（　　）以下。
　　A. 直流 60V，交流 36V　　　　　　　B. 直流 36V，交流 60V
　　C. 直流 60V，交流 30V　　　　　　　D. 直流 30V，交流 60V

2）当电压高到一定值以后，会有相应的电流流过人体。当大约（　　）的电流通过人体时，会产生肌肉收缩和疼痛感。
　　A. 1mA　　　　B. 5~10mA　　　　C. 80mA　　　　D. 100mA

3）触电后，人体的血液和细胞液成为电解液并被电解，结果会发生严重的中毒，称为（　　）。
　　A. 电击效应　　　　　　　　　　　B. 热效应
　　C. 化学效应　　　　　　　　　　　D. 电弧伤害

4）高压触电以后，会短时间让人体心脏骤停，恰当的、第一时间心肺复苏可以成功挽救（　　）以上的触电人员生命。
　　A. 50%　　　　B. 90%　　　　C. 15%　　　　D. 80%

5）进行胸外按压时，以下做法错误的是（　　）。
　　A. 患者仰卧位于硬质平面上
　　B. 按压部位在胸骨中下 1/3 交界处或双乳头与前正中线交界处
　　C. 按压时，按压速度越快越好
　　D. 每 2min 更换按压者，每次更换尽量在 5s 内完成

二、教师评价

知识目标：□差　　□合格　　□中　　□良　　□优
技能目标：□差　　□合格　　□中　　□良　　□优
素质目标：□差　　□合格　　□中　　□良　　□优

评语：_____
_____
_____
_____
_____

任务二　新能源汽车高压部件识别

学习目标

知识目标
1. 能够描述新能源汽车高压部件的警告标记。
2. 能够描述新能源汽车高压电的类型和位置。
3. 能够描述新能源汽车高压电存在的时间。
4. 能够描述新能源汽车高压部件的特征。

技能目标
1. 能够识别纯电动汽车高压部件位置。
2. 能够识别混合动力汽车高压部件位置。

素质目标
1. 培养良好的职业道德和工匠精神。
2. 培养安全意识和团队协作精神。
3. 培养自我管理和自主学习能力。

任务导入

维修带有高电压的新能源汽车之前，必须正确认识车辆上哪些部件具有高电压。如果你的主管让你去维修一辆新能源汽车，但是和你一起维修的另一名技师并不了解车辆上哪些部件是危险的，你能在维修前给他正确的引导和说明吗？

获取信息

引导问题一　新能源汽车高压部件上有什么标记？

为防止意外触及高压系统，新能源汽车对高压部件均采用特殊的标记或颜色，对维修人员或驾乘人员给予警告。新能源汽车通常采用高压警告标记和高压警告颜色两种形式进行高电压警告。

1. 高压警告标记

新能源汽车上的高压部件上标有国际标准危险电压警告标记：黄色（警告）或红色（禁止）底色的高压触电警告图标。如图1-2-1所示为高压警告标记，图1-2-2所示为贴有警告标记的高压部件。

图1-2-1　高压警告标记

图1-2-2　贴有警告标记的高压部件

2. 高压警告颜色

由于高压导线可能有几米长，因此在一处或两处通过警告牌标记意义不大。用橙色警告色标记出所有高压导线，高压部件的插接器也采用橙色设计。如图1-2-3所示为高压导线及插接器，图1-2-4所示为高压部件的导线和插接器。

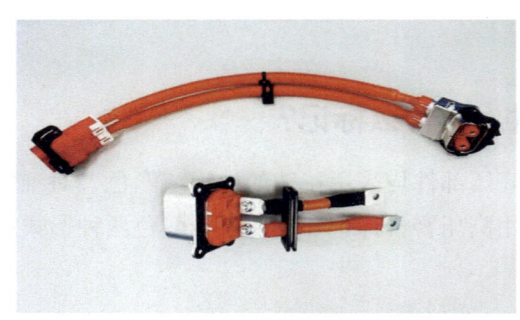

图1-2-3　高压导线及插接器

图1-2-4　高压部件的导线和插接器

引导问题二 新能源汽车上有哪些类型的高压电？分别位于哪些位置？

1. 新能源汽车高压电的类型

新能源汽车（电动汽车）上的高压系统均同时具有直流高压和交流高压。如图1-2-5所示为新能源汽车直流、交流高压的分布位置。

图1-2-5 高压电的类型及分布位置

（1）直流高压

直流高压主要分布在动力电池（又称为动力蓄电池）到各个驱动部件的位置，如动力电池到逆变器（即驱动电机控制器）之间连接，动力电池到高压压缩机之间连接的是直流高电压。

（2）交流高压

交流高压主要分布在逆变器与驱动电机之间，以及充电接口与车载充电器之间。不同的是逆变器与驱动电机之间的交流电压通常都在300V左右（根据车型不同），而充电接口与车载充电器之间的交流高电压即为外部电网的220V 50Hz的电压。

2. 新能源汽车高压部件的安装位置

如图1-2-6所示，新能源汽车的高压部件主要集中在驱动系统、电源系统、充电系统以及空调与暖风系统几个位置。此外，用于连接高压部件之间的导线也属于高压部件。

（1）动力电池安装位置

大多数新能源汽车的动力电池安装在车辆的底部和后部，如图1-2-7和图1-2-8所示。

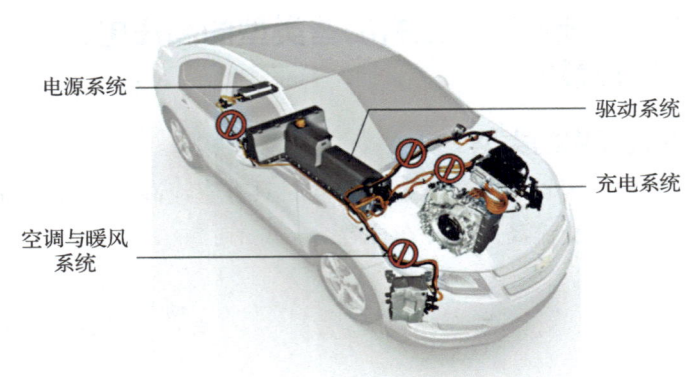

图 1-2-6 高压部件在车辆上的位置

图 1-2-7 纯电动汽车动力电池安装位置

图 1-2-8 混合动力汽车动力电池安装位置

（2）其他高压部件安装位置

其他高压部件如逆变器（驱动电机控制器）等都布置在乘员舱外部，大部分集中在前机舱位置，如图 1-2-9 所示。

图 1-2-9 纯电动汽车前机舱的高压部件

高压导线一般是沿着底盘外布置，如图 1-2-10 所示为纯电动汽车位于底盘的橙色高压导线位置。

图 1-2-10　纯电动汽车位于底盘的橙色高压导线

❓ 引导问题三　新能源汽车上的高压电是一直存在的吗？

如图 1-2-11 所示，根据高电压存在的时间进行分类，新能源汽车高电压系统的高电压主要有以下三种存在形式。

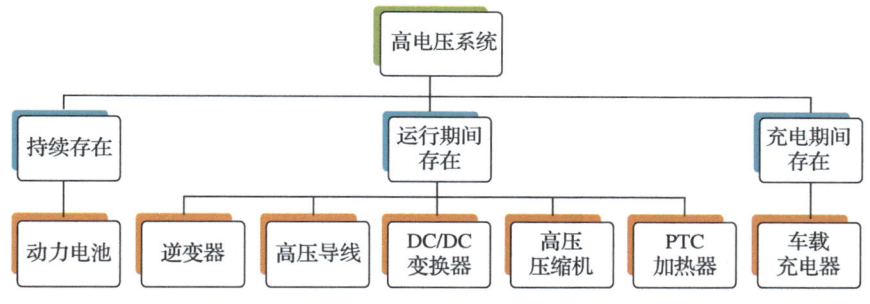

图 1-2-11　高电压系统存在时间

1. 持续存在

由于动力电池始终存储有电能，只要满足动力电池的放电条件，即使车辆停止运行，仍然持续存在高电压。

2. 运行期间存在

运行期间存在高电压的部件，是指当点火开关处于 ON、RUN 或其他运行状态下，部件存在高电压。驱动电机控制器（逆变器）、高压压缩机、PTC 暖风加热器以及 DC/DC 变换器等部件，只有在系统运行时，来自动力电池的高电压才会加载到这些部件上。

运行期间存在高电压的系统或部件有两种类型：

1）只要点火开关处于 ON 或 RUN 状态下就会存在高电压，如驱动电机控制器（逆变器）、DC/DC 变换器和连接的高压导线。

2）虽然点火开关处于 ON 或 RUN 位置，但是由于该系统所执行的功能没有被接通，此时相关的部件仍然不会接通有高电压。例如高压压缩机和 PTC 暖风加热器，在没有运行车辆的空调或暖风功能时,这些部件的上是不会存在有高电压的。

3. 充电期间存在

充电系统部件仅在车辆充电期间存在高电压,包括来自外部电网的220V或者380V(三相)交流高压(快充则是直流高压),以及车载充电器与动力电池之间的直流高压。

需要注意的是,有些车辆的车载充电器和动力电池设置了空调式冷却系统,当在车辆充电期间,由于动力电池可能产生很高的热量,因此车载空调系统会运行来降低动力电池的温度,此时车辆的高压压缩机也会在充电期间运行,也存在有高电压。

❓ 引导问题四　新能源汽车高压部件有什么特征?

1. 新能源汽车驱动系统整体的高电压特征

新能源汽车包括混合动力汽车和纯电动汽车,它们的驱动系统都具有高电压特征。

(1) 混合动力汽车驱动系统的特征

图1-2-12是典型的混合动力汽车驱动系统结构示意图,图中标有高压警告标记的部件,表示该部件为高压部件。

驱动系统的主要高压部件有动力电池、变换器和驱动电机。在变换器内部的转换包括直流变直流、交流变直流以及直流变交流。

1)直流/直流(DC/DC):把动力电池的高电压直流电转换为车辆电气系统所用的低电压直流电,并为车辆的12V蓄电池充电。

2)交流/直流(AC/DC):在动力电池的电压低时燃油发动机(内燃机)发电,以及减速、制动进行能量回收时,把电机的三相交流电转换成直流电给动力电池充电。

3)直流/交流(DC/AC):驱动车辆时,把动力电池的高电压直流电转换成三相交流电给驱动电机供电。

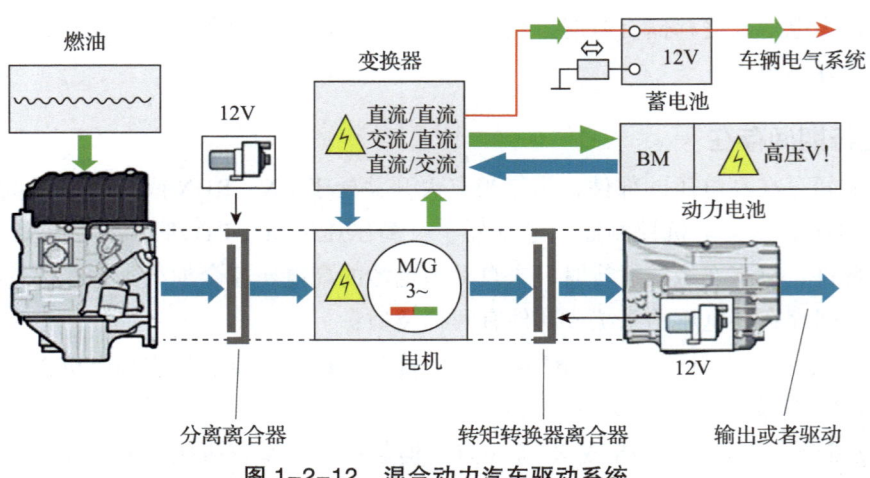

图1-2-12　混合动力汽车驱动系统

（2）纯电动汽车驱动系统的特征

图1-2-13是典型的纯电动汽车驱动系统结构示意图，图中标有高压警告标记的部件，表示该部件为高压部件。

纯电动汽车驱动系统的结构与混合动力汽车类似，区别的是没有了燃油发动机，而是增加了用于外部电源充电的车载充电器（交流慢充）。

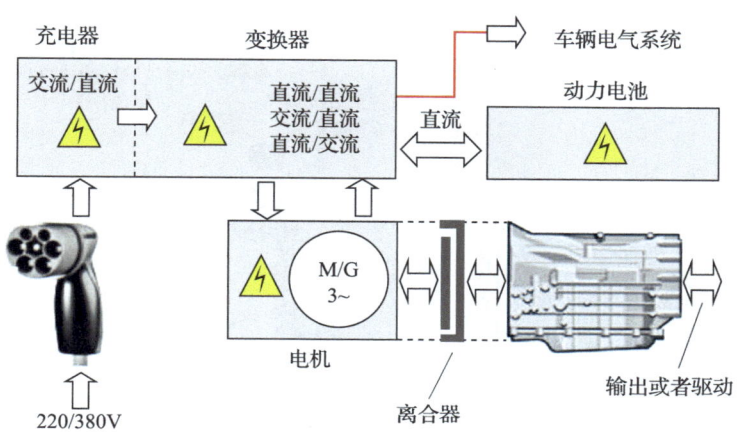

图1-2-13　纯电动汽车驱动系统

2.驱动系统主要高压部件的特征

（1）驱动电机

如图1-2-14所示为驱动电机内部具有高压的部件位置。当电机运行时，位于电机的高压电缆、插接器，以及电机定子绕组上均会存在交流高电压。

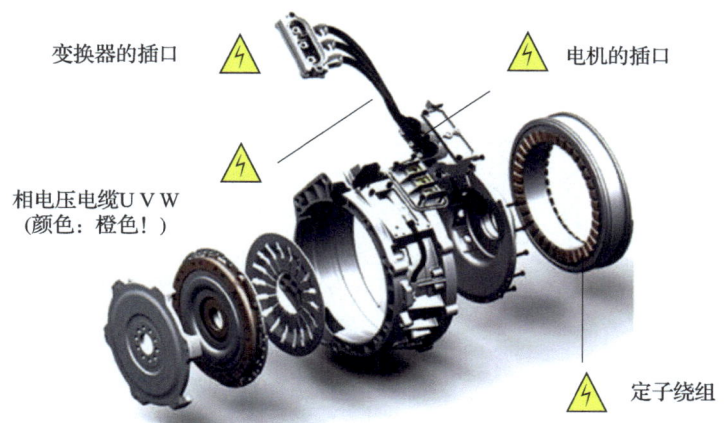

图1-2-14　驱动电机高压部件位置

（2）变换器

如图1-2-15所示为驱动电机变换器上的主要高压部件位置，变换器模块壳体通常采用金属全封闭设计，主要的高电压位置集中在模块电缆的接口上。

（3）高压空调压缩机及暖风加热器

对于新能源（电动）汽车来说，空调压缩机由电机驱动，由动力电池的直流高电压供电。空调压缩机的电机可采用直流电机，也可以采用三相异步电动机，这相当于在空调压缩机中集成了直流/交流变换器。

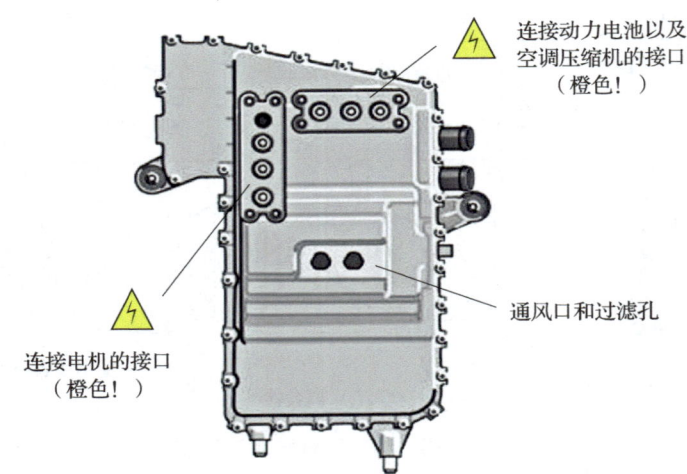

图 1-2-15　变换器高压部件位置

如图 1-2-16 所示为高压空调压缩机的高电压主要位置。高压空调压缩机在运行时，位于压缩机上的高压电缆接口、高压连接电缆以及压缩机本身均具有高电压。

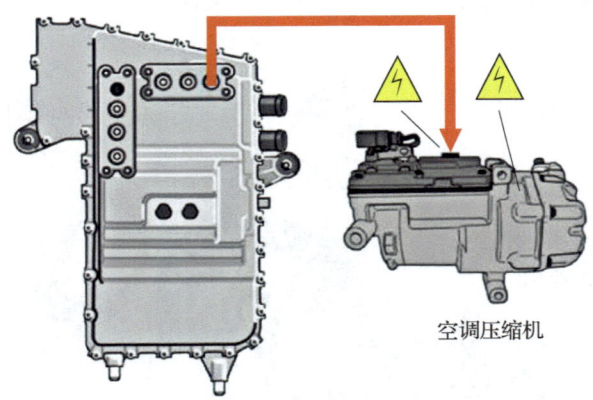

图 1-2-16　高压空调压缩机的高电压位置

在暖风实现的形式上，纯电动汽车由于没有内燃机的热量来源，因此利用 PTC（Positive Temperature Coefficient），电加热的方式来产生暖风。PTC 意思是正温度系数，温度越高电阻越大，泛指正温度系数很大的半导体材料或元器件。电加热的方式有两种，一种是通过高压电加热类似传统汽车暖风系统中的冷却液，再经过循环为暖风热交换器提供热量；另一种是直接通过高压电驱动加热器来加热，经过蒸发箱的空气实现暖风，如图 1-2-17 所示。

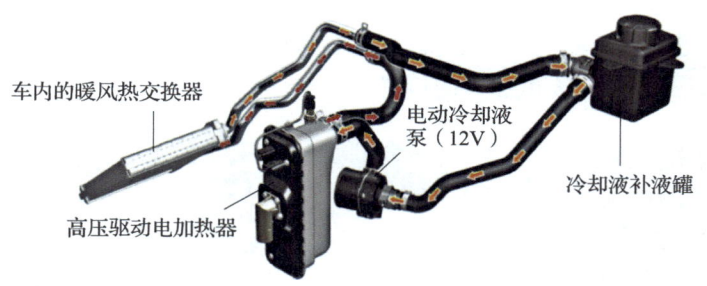

a) 利用高压电加热冷却液再制暖方式

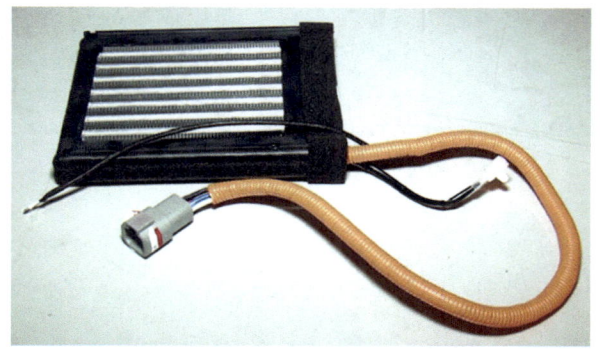

b) 利用 PTC 直接加热进风空气制暖方式

图 1-2-17　纯电动汽车暖风加热系统

（4）动力电池

如图 1-2-18 所示，动力电池上所有的部件，包括维修开关、连接导线均具有高电压。

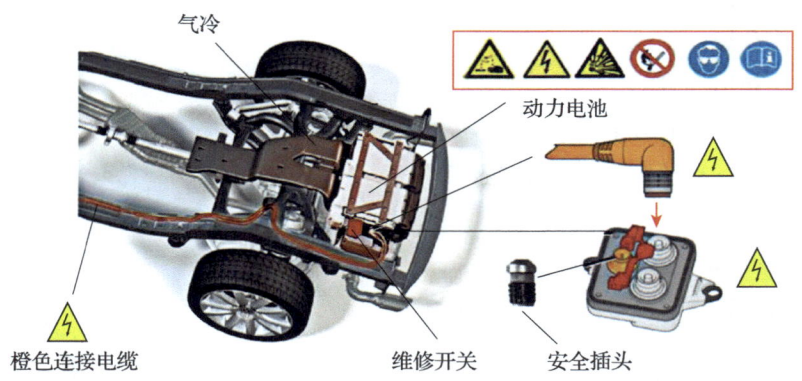

图 1-2-18　动力电池高压位置

（5）充电系统

新能源汽车中的纯电动汽车和插电式混合动力汽车都需要外接电源充电，一般都具备直流快充和交流慢充两种充电模式。

充电时，充电桩和充电枪以及充电系统相关的电路上都具有高电压。需要注意的是，出于对驾乘人员的安全考虑，在车辆未充电时，充电系统内部都会自动断开电路循环，也就是说未正式充电前，充电桩和充电插口是安全的。

图 1-2-19 是充电桩与充电插口的位置。

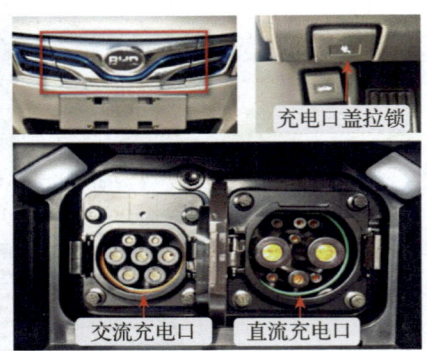

图 1-2-19　充电桩与充电插口的位置

任务实施

1. 实施要求

本任务主要识别纯电动汽车与混合动力汽车高压部件的位置，包括以下任务：

1）识别纯电动汽车高压部件位置。

2）识别混合动力汽车高压部件位置。

2. 实施准备

1）防护装备：常规实训着装。

2）车辆、台架、总成：纯电动汽车（车型不限）和混合动力汽车（车型不限）。

3）设备、专用工具：无。

4）手工工具：普通拆装组合工具。

5）辅助材料：高压警告标记（不干胶）。

3. 实施步骤

警告：请勿触摸带高压警告标记及橙色导线的任何部位！

警告：未经教师允许，不得随意触动车辆！

警告：举升车辆期间，禁止车辆周围站立人员！

提示：提前准备高压警告标记，如图 1-2-20 所示，可用其他类似物品替代，用于标记高压部件。

图 1-2-20　高压警告标记

（1）纯电动汽车

1）观察实训车辆，记录下车辆的型号及参数。

纯电动汽车品牌/车型：_____；动力电池直流标称（额定）电压：_____V；动力系统功率：_____kW。

2）查找并找到充电接口（交流/直流），观察用于接入高压的端口。

记录：_____
_____
_____
_____

3）打开前机舱，观察前机舱的部件，标记出高压部件，并判断其输入和输出是直流还是交流高压电。

记录：_____
_____
_____
_____

4）打开行李舱，观察行李舱的部件，如有高压部件，则标记出高压部件，并判断其输入和输出是直流还是交流高压电。

记录：_____
_____
_____
_____

5）举升车辆，必要时拆卸车辆下护板，观察车辆底部，标记出高压部件，并判断其输入和输出是直流还是交流高压电。

记录：_____
_____
_____
_____

6）总结纯电动汽车高压部件的安装位置特点。

记录：_____
_____
_____
_____

（2）混合动力汽车

1）观察实训车辆，记录下车辆的型号及参数。

混合动力汽车品牌/车型：_____；动力电池直流标称（额定）电压：_____V；动力系统功率：_____kW；发动机型号：_____；发动机排量：_____mL；是否插电式混合动力汽车：_____；是否属于国家规定的新能源汽车类别：_____。

2）查找并找到充电口（交流/直流，根据实际车型的装备），观察用于接入高压的端口。

记录：_____
_____
_____
_____

3）打开前机舱，观察前机舱的部件，标记出高压部件，并判断其输入和输出是直流还是交流高压电。

记录：_____
_____
_____
_____

4）打开行李舱，观察行李舱的部件，如有高压部件，则标记出高压部件，并判断其输入和输出是直流还是交流高压电。

记录：_____
_____
_____
_____

5）举升车辆，必要时拆卸车辆下护板，观察车辆底部，标记出高压部件，并判断其输入和输出是直流还是交流高压电。

记录：_____
_____
_____
_____

6）总结混合动力汽车高压部件的安装位置特点。

记录：_____
_____
_____
_____

任务考核

一、自我测试
满分： 20 分　得分：_____

1. 判断题（每题 1 分）

1）新能源汽车通常采用高压警告标记和高压警告颜色两种形式进行高电压警告。（　　）
2）新能源汽车高压部件的导线和插接器的颜色没有特殊要求。（　　）
3）动力电池输出的电压是直流高压。（　　）
4）新能源汽车上的交流高压一定是 220V 电压。（　　）
5）新能源汽车的动力电池一般安装在车辆的底部和后部。（　　）
6）从整体分别来看，纯电动汽车高压部件安装在前机舱最多。（　　）
7）新能源汽车 PTC 暖风加热器的驱动电压是 12V。（　　）
8）有些纯电动汽车车型，在充电期间空调压缩机可能会自动运行。（　　）
9）混合动力汽车的内燃机，会有一部分燃油消耗为动力电池充电。（　　）
10）充电时，充电桩和充电枪以及充电系统相关的电路上都具有高电压。（　　）

2. 单选题（每题 2 分）

1）新能源汽车上的高压部件上警告标志的底色是（　　）。
　　A. 白色　　　　　　　　　　　　B. 红色
　　C. 黄色　　　　　　　　　　　　D. 绿色

2）新能源汽车（电动汽车）上的高压系统的电压是（　　）。
　　A. 直流高压
　　B. 交流高压
　　C. 同时具有直流高压和交流高压
　　D. 以上都不是

3）驱动电机变换器输出的电压是（　　）。
　　A. 直流高压　　　　　　　　　　B. 交流高压
　　C. 交流低压　　　　　　　　　　D. 直流低压

4）新能源汽车的高压部件主要集中在（　　）几个位置。
　　A. 驱动系统　　　　　　　　　　B. 电源和充电系统
　　C. 空调与暖风系统　　　　　　　D. 以上都是

5）根据存在的时间分类，新能源汽车高电压系统的高电压主要存在的形式是（　　）。
　　A. 持续存在　　　　　　　　　　B. 运行期间存在
　　C. 充电期间存在　　　　　　　　D. 以上都是

二、教师评价

知识目标：□差　　□合格　　□中　　□良　　□优

技能目标：□差　　□合格　　□中　　□良　　□优

素质目标：□差　　□合格　　□中　　□良　　□优

评语：_____

_____

_____

_____

_____

项目二 新能源汽车安全设计特点与安全隐患

项目描述

新能源汽车相比于传统内燃机汽车，由于驱动系统存在高电压，其安全系统设计更为复杂。如果车辆在充电及行驶过程中出现碰撞、翻车等事故，可能造成驱动系统高压部件及电路的短路、漏电、燃烧、爆炸等，由此可能对乘员造成伤害。本项目主要介绍新能源汽车的安全设计特点、安全隐患及事故形式。

本项目包括以下两个任务：

任务一，新能源汽车安全设计特点；

任务二，新能源汽车安全隐患与事故形式。

通过以上两个任务的学习，你将掌握新能源汽车安全设计特点，安全隐患与事故形式，以及事故处理方法。

任务一 新能源汽车安全设计特点

学习目标

知识目标

1. 能够描述国家标准对新能源汽车安全设计的要求。
2. 能够描述新能源汽车安全设计的内容。

技能目标

1. 能够搜索、分析国家标准对新能源汽车安全设计的要求。
2. 能够分析新能源汽车安全设计的特点。

素质目标

1. 培养良好的职业道德和工匠精神。

2. 培养安全意识和团队协作精神。

3. 培养自我管理和自主学习能力。

任务导入

如果有一辆电动汽车发生了事故，你被指派去现场处理事故车辆的工作，你能正确区别哪些位置是安全的、哪些车辆部件或系统依然会存在高电压吗？

获取信息

引导问题一　国家标准对新能源汽车的安全设计有哪些要求？

1. 新能源汽车国家标准

2020 年 5 月 12 日，工业和信息化部组织制定的 GB 18384—2020《电动汽车安全要求》、GB 38032—2020《电动客车安全要求》和 GB 38031—2020《电动汽车用动力蓄电池安全要求》三项强制性国家标准由国家市场监督管理总局、国家标准化管理委员会批准发布，并于 2021 年 1 月 1 日起开始实施。

以下摘录 GB 18384—2020《电动汽车安全要求》并解读部分内容，具体请参阅国家标准全文。

（1）标准规定的范围

本标准规定了电动汽车的安全要求和试验方法。

本标准适用于车载驱动系统的最大工作电压是 B 级电压的电动汽车。

本标准不适用于行驶过程中持续与电网连接的道路车辆。

解读：

GB 18384—2020《电动汽车安全要求》（以下简称"国家标准"）主要规定了电动汽车的电气安全和功能安全要求，增加了电池系统热事件报警信号要求，能够第一时间给驾乘人员安全提醒；强化了整车防水、绝缘电阻及监控要求，以降低车辆在正常使用、涉水等情况下的安全风险；优化了绝缘电阻、电容耦合等试验方法，以提高试验检测精度，保障整车高压电安全。

（2）人员触电防护及安全等级的要求

5.1.1　总则

人员触电防护要求应包括以下四个部分：

——高压标记要求；

——直接接触防护要求；

——间接接触防护要求；

——防水要求。

对于相互传导连接的A级电压电路和B级电压电路，当电路中直流带电部件的一极与电平台连接，且其他任一带电部分与这一极的最大电压值不大于30V（a.c.）（rms）且不大于60V（d.c.），则5.1.4.1、5.1.4.2、5.1.4.3和5.1.5的要求对该电路（包括直流部分和交流部分）不适用。

解读：

国家标准明确了电动汽车高压电路最大的安全电压值（A级安全电压）为交流不大于30V（旧通行的标准为25V），直流不大于60V（与旧通行标准一致）。

5.1.2　高压标记要求

5.1.2.1　高压警告标记要求

B级电压的电能存储系统或产生装置，如REESS和燃料电池堆，应标记图1所示符号。对于相互传导连接的A级电压电路和B级电压电路，当电路中直流带电部件的一极与电平台连接，且满足其他任一带电部分与这一极的最大电压值不大于30V（a.c.）（rms）且不大于60V（d.c.）的情况，则REESS不需标记图1所示符号；否则，REESS无论是否存在B级电压，都应标记图1所示符号。符号的底色为黄色，边框和箭头为黑色。

解读：

REESS指车载可充电储能系统，即动力电池。国家标准明确了电动汽车高压电路超过最大电压值，即达到B级电压，必须标记高压警告标记，并统一了标记的符号，如图2-1-1所示，即国家标准中的"图1"。

（3）绝缘电阻的要求

5.1.4　间接接触防护要求

5.1.4.1　绝缘电阻要求

在最大工作电压下，直流电路绝缘电阻应不小于100Ω/V，交流电路应不小于500Ω/V。如果直流和交流的B级电压电路可导电的连接在一起，则应满足绝缘电阻不小于500Ω/V的要求。

图2-1-1　高压警告标记

5.1.4.2　绝缘电阻监测要求

车辆应有绝缘电阻监测功能，并能通过6.2.3的绝缘监测功能验证试验。在车辆B级电压电路接通且未与外部电源传导连接时，该装置能够持续或者间歇地检测车辆的绝缘电阻值，当该绝缘电阻值小于制造商规定的阈值时，应通过一个明显的信号（例如：声或光信号）装置提醒驾驶员，并且制造商规定的阈值不应低于5.1.4.1的要求。

解读：

国家标准明确了直流电路绝缘电阻应不小于100Ω/V，交流电路应不小于500Ω/V。即假设动力电池额定电压为500V，绝缘电阻应不小于50kΩ。这是电动汽车维修中绝缘电阻测量范围的标准依据。

（4）充电插座的要求

5.1.4.5 充电插座要求

5.1.4.5.1 车辆交流充电插座

车辆交流充电插座应有端子将电平台与电网的接地部分连接。

车辆交流充电插座的绝缘电阻，包括充电时传导连接到电网的电路，当充电接口断开时应不小于1MΩ。

5.1.4.5.2 车辆直流充电插座

车辆直流充电插座应有端子将车辆电平台和外接电源的保护接地相连接。

车辆直流充电插座的绝缘电阻，包括充电时传导连接到车辆直流充电插座的电路，当充电接口断开时，应满足5.1.4.1的要求。

解读：

国家标准明确了直流、交流充电插座绝缘电阻及接地标准规格。这是电动汽车安全的要求，也是维修中绝缘电阻测量范围的标准依据。

2. IP 防护等级

国家标准规定，纯电动汽车动力电池的防护等级必须要达到IP67。

IP67是指防护级别。衡量电池防尘防水性能的指标是侵入保护（Ingress Protection，IP），这是由IEC（国际电工委员会）制定的防护安全等级标准。

IP防护等级代号为IPXX，定义了一个界面对液态和固态微粒的防护能力。第一个X代表防尘（固态）等级，范围是0~6，分别表示对从大颗粒异物到灰尘的防护；第二个X代表防水（液态）等级，范围是0~8，分别表示对从垂直水滴到水底压力情况下的防护。数字越大表示防护能力越强。表2-1-1列出了IP防护等级说明。

表 2-1-1　IP 防护等级说明

防尘等级说明		防水等级说明	
等级	防护范围	等级	防护范围
0	无防护	0	无防护
1	防止直径大于 50mm 的固体外物侵入	1	防止水滴浸入
2	防止直径大于 12.5mm 的固体外物侵入	2	倾斜15°时，仍可防止水滴浸入
3	防止直径大于 2.5mm 的固体外物侵入	3	防止喷洒的水浸入
4	防止直径大于 1.0mm 的固体外物侵入	4	防止飞溅的水浸入
5	防止外物及灰尘侵入	5	防止喷射的水浸入
6	完全防止外物及灰尘侵入	6	防止大浪浸入
		7	防止浸水时水的浸入
		8	防止沉没时水的浸入

IP67的级别可以理解为：防尘（固态）等级达到6级，即完全防止异物及灰尘；防水（液态）等级达到7级，即可以防止浸水时水的浸入。相对而言，IP67的防护等级就意味着能够保证物体可以浸入1m深度的水内，持续30min，其性能不受影响，这个防护等级是比较高的了。简单地说，IP67的级别可以防护灰尘吸入（整体防止接触，防护灰尘渗透）、防护短暂浸泡（防浸）。

目前在电气布线行业最高实现的是IP68级别。除此以外，工业连接器还有温度、振动等对其他恶劣环境的考虑因素。

引导问题二　新能源汽车安全设计有哪些内容？

根据新能源汽车（电动汽车）存在的安全隐患以及实际的工作状况，主要从维修安全、碰撞安全、电气安全、功能安全的角度进行设计，同时也包括对动力电池安全设计策略。

1. 维修安全

新能源汽车对维修人员有特殊的安全保护设计，包括以下几个方面。

（1）维修开关

大部分的新能源汽车设计有维修开关（Service Switch），可以直接断开高压回路，保证维修人员的安全，如图2-1-2所示。

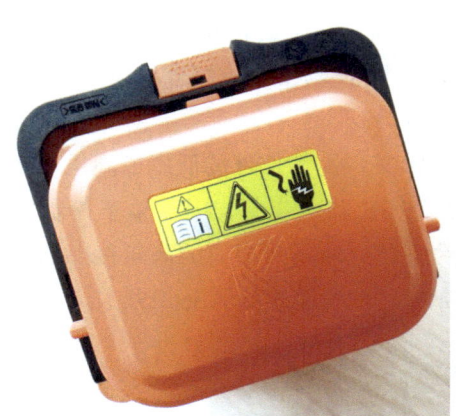
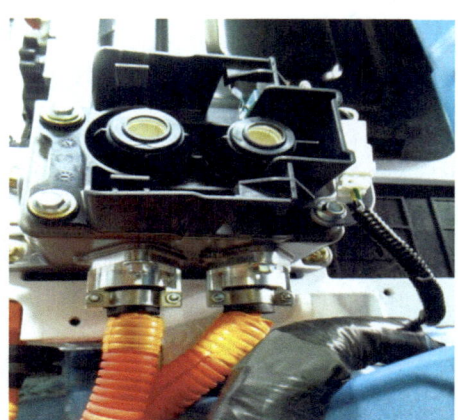

图2-1-2　维修开关的外形及拆卸后的情形

（2）开盖检测

在高压部件的盖子上设立开盖检测开关（低压），在检测开关打开（盖子被打开）时，高压控制系统（整车控制器VCU、动力电池管理模块BMS）切断高电压。图2-1-3所示为荣威e50驱动电机控制器上盖的开盖检测开关。

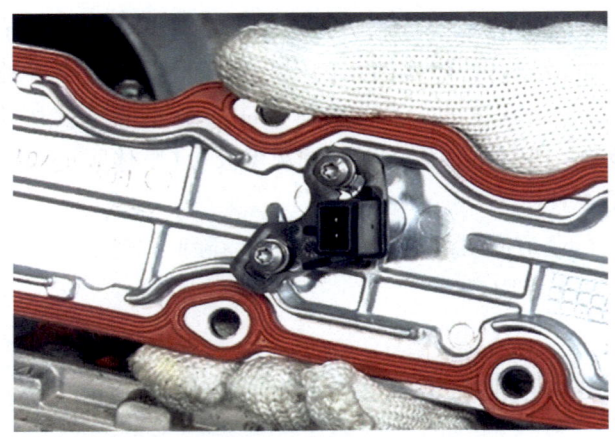

图 2-1-3 驱动电机控制器开盖检测开关

(3) 高压互锁

高压互锁回路（Hazardous Voltage Interlock Loop，HVIL）是指通过使用低压信号来监控电动汽车上所有与高压母线（动力电池输出的主高压导线）相连的各分路，包括整个动力电池系统、DC/DC 变换器、驱动电机控制器、高压控制盒 BDU，以及导线、接插件（插接器）、保护盖等系统回路的电气连接完整性（连续性）。

设计高压互锁的目的是确认整个高压系统的完整性，当高压系统回路断开或者完整性受到破坏的时候，就需要启动安全措施。

高压互锁回路内的低压回路需要一个检测用电源，让低压信号沿着闭合的低压回路传递。一旦低压信号中断，说明某一个高压部件的接插件有松动或者脱落。按照整体策略，设计监测点或监测回路将高压互锁信号回路的状态传递给整车控制器 VCU 或动力电池管理模块 BMS。

如图 2-1-4 所示，当高压互锁回路断开时（表示某一高压部件的低压或高压连接断开），此时乘员或维修人员有可能会接触到高压电从而造成触电伤害，因此整车控制器 VCU、动力电池管理模块 BMS 在检测到断开信号之后应当立即断开相应的高压接触器以切断高压输出。如图 2-1-5 所示，位于橙色高压接插件上方设计的低压互锁开关，当该低压互锁开关断开时，系统将切断高电压。

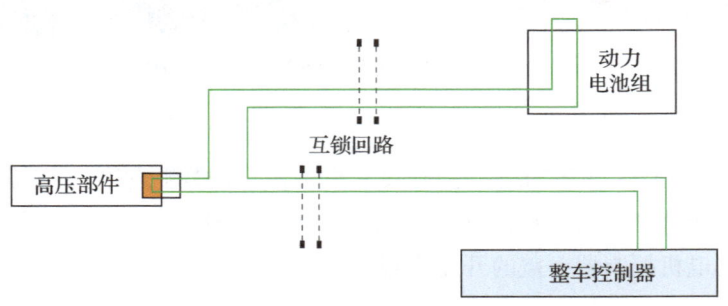

图 2-1-4 高压互锁回路示意图

项目二 新能源汽车安全设计特点与安全隐患 | 35

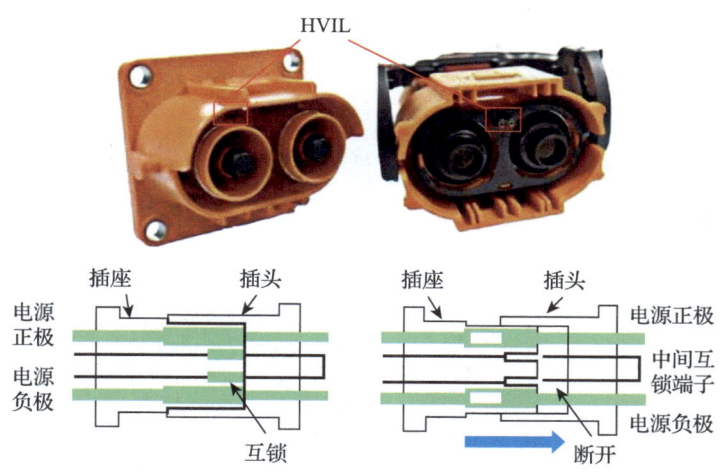

图 2-1-5 互锁开关

（4）电源极性反接保护

如果意外接错电源正负极，动力电池管理模块 BMS 将自动切断高电压。

2. 碰撞安全

当车辆发生碰撞时，车辆的安全系统（车身结构和安全防护性能）应当在碰撞过程中以及碰撞后都能保证相关人员的人身安全。对于新能源汽车来说，除了传统汽车的相关保护需求之外，还应当满足以下要求：

1）碰撞过程中避免乘员和行人遭受触电风险。

2）碰撞过程中在保证人员安全的情况下，尽量保护关键零部件不受损害。

3）碰撞后保证维修和救援人员没有触电风险。车辆的控制系统（VCU 和 BMS）通过 CAN 车载网络监测到安全气囊引爆后，将自动切断输出的高压电路。

有的新能源汽车上设计惯性开关电路：将惯性开关串联到高压接触器的供电回路中，当发生碰撞时惯性开关断开，从而切断高压接触器的供电电源，此时动力电池的高压输出便会被"物理性"断开，保证了乘员、行人、维修和救援人员的高压安全。图 2-1-6 是惯性开关电路示意图。

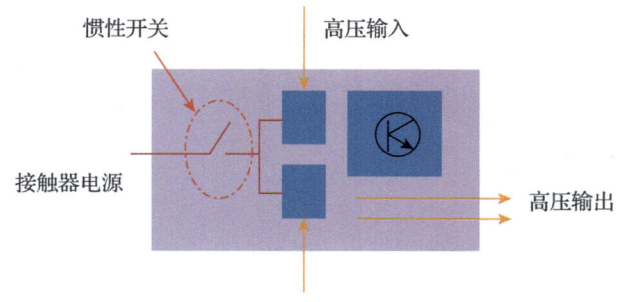

图 2-1-6 惯性开关电路示意图

3. 电气安全

为保证新能源汽车的电气安全，设计有以下安全装置。

（1）高压接插件

如图 2-1-7 所示，高压部件的绝缘接插件既可防止维修人员直接接触到高压，还可防水、防尘，减小高压系统绝缘出现问题的风险。

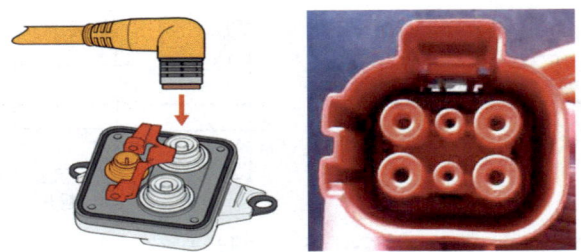

图 2-1-7　高压部件的绝缘接插件

（2）高压接触器

新能源汽车除动力电池外，其他高压部件都是由整车控制器 VCU（纯电动汽车）或混合动力控制单元通过高压接触器控制高电压的接通与关闭的。高压接触器相当于传统汽车的主继电器，实际上也是一个大功率的继电器，用于控制高压导线正负极之间的接通与断开。高压接触器安装在动力电池与外部高压回路之间，通常位于动力电池组总成内部或独立安装在高压控制盒（BDU）中。只有当驾驶人将车辆钥匙打到 ON 档位或对动力电池进行充电时，接触器才可能会闭合。

如图 2-1-8 所示，在丰田混合动力汽车的动力电池端部布置有多个接触器。如果混合动力控制单元控制接触器断开，整车仅动力电池上会存在高电压，位于接触器下游的高电压系统部件将没有高电压。

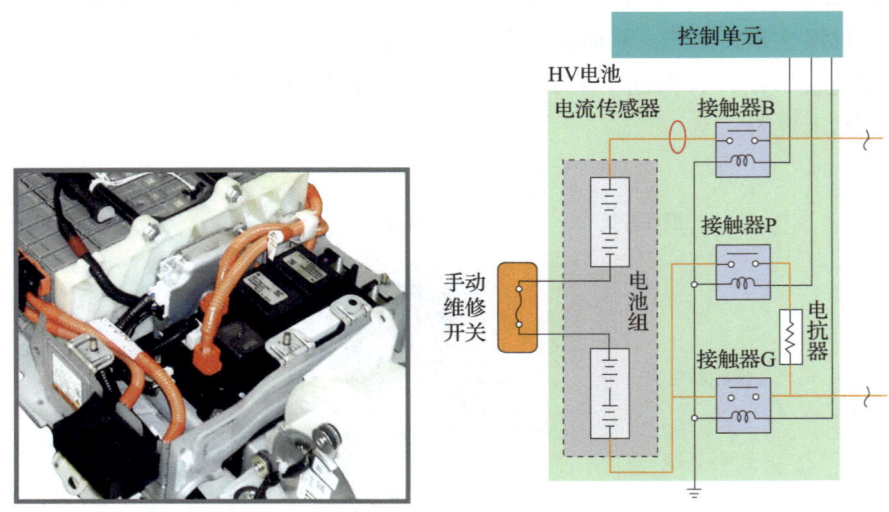

图 2-1-8　丰田混合动力汽车高压接触器及内部电路

1）高压接触器接通条件如下：

①点火开关 ON。

②高压系统自检，没有存在漏电（绝缘电阻低于标准值）等故障。

2）高压接触器断开条件如下：

①点火开关 OFF。

②高压系统检测到存在安全事件的发生。在以下情况下，会因异常情况自动切断高电压，避免人员触电：

a. 高压系统自检到高压部件的互锁开关断开。

b. 高压系统自检到高压部件或高压导线存在对车辆绝缘电阻过低。

c. 车辆发生过碰撞，且安全气囊已弹出。

（3）预充电回路

高压系统中设计有预充电回路，主要由预充电电阻构成。在动力电池输出高压电之前，先通过预充电回路对电池外部的高压系统进行预充电。由于高压部件的高压正、负极之间设计有补偿电容，如果没有预充电电阻，那么在高压回路导通瞬间，补偿电容将会由于瞬间电流过大而烧毁。如图 2-1-9 所示，接触器附近的电阻即为预充电电阻。

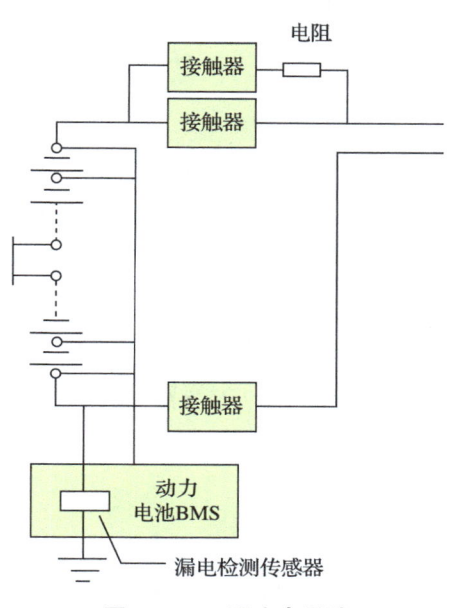

图 2-1-9 预充电回路

（4）绝缘电阻检测

新能源汽车的运行情况非常复杂，在运行过程中难免会出现部件之间的相互碰撞、摩擦、挤压，导致高压电路与车辆底盘之间的绝缘性能下降。高压电源正负极导线将通过绝缘层和底盘构成漏电回路。当高压电路和底盘之间发生多点绝缘性能下降时，还会导致漏电回路的热积累效应，可能造成车辆的电气火灾。因此，高压电气系统相对车辆底盘的电气绝缘性能实时检测是电气安全技术的核心内容。

高压电气系统通过电流传感器等部件检测车辆的绝缘电阻，当检测到短路（漏电）发生时，高压接触器切断高电压的同时启动主动泄放保护和被动泄放保护。以比亚迪 e5 为例：

1）主动泄放保护。5s 内把预充电容电压降低到 ≤ 60V，迅速释放危险电能。

2）被动泄放保护。2min 内把预充电容电压降低到 ≤ 60V，被动泄放是主动泄放失效的二重保护。

在新能源汽车维修中，可以采用绝缘测试仪测量绝缘电阻，如图 2-1-10 所示。

绝缘电阻判定标准：正对负绝缘阻值、正对地绝缘阻值和负对地绝缘阻值均大于等于 100Ω/V（直流）、500Ω/V（交流）为合格。

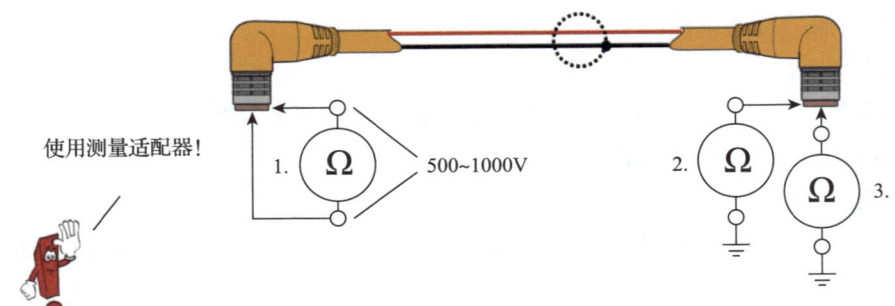

图 2-1-10　绝缘电阻检测

（5）短路保护器

高压系统的每一个高压回路均有短路保护器（熔丝）做过电流保护。动力电池总成内部增加了多个高压接触器和短路保护器进行保护，动力电池的每根采样线也有单独的保护器保护。即使车辆发生碰撞造成高压导线短路，也可保证动力电池等高压部件及线束不会短路损坏或起火。一般情况下，短路保护器的位置有动力电池组串联的中央、DC/DC 变换器回路、暖风加热器回路以及电动空调压缩机回路等。

图 2-1-11 所示为高压系统保护电路，图 2-1-12 是接触器和短路保护器（熔丝）位置示意图。

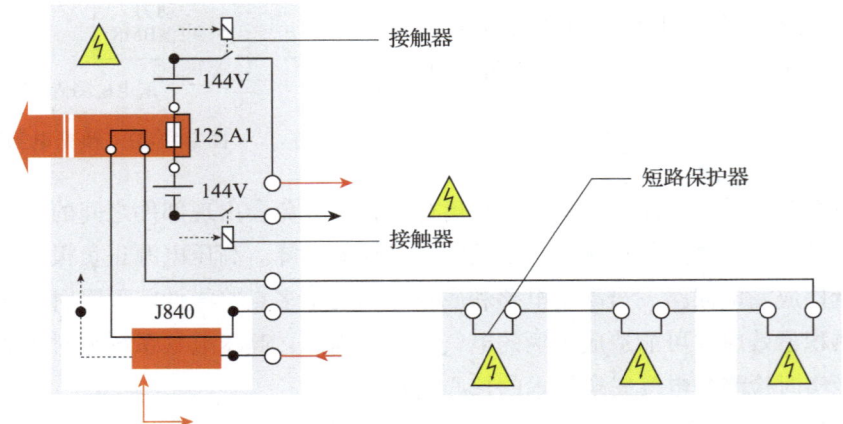

图 2-1-11　高压系统保护电路

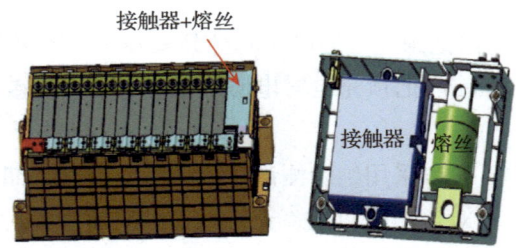

图 2-1-12　接触器和短路保护器（熔丝）位置示意图

4. 功能安全

对于新能源汽车，还需要从以下功能方面采取安全设计，避免安全隐患的发生。

（1）转矩安全管理

为防止车辆出现不期望的运动，例如驱动电机转速过快甚至失控，需要在整车控制器VCU中加入转矩安全控制策略。具体转矩安全策略如下：

1）VCU负责计算整车的转矩需求，计算的转矩需求的差值大于某个标定值，则认为转矩输出存在安全风险，此时VCU会将车速限制在安全范围内。

2）若VCU的需求转矩与电机的实际转矩的差值大于某个标定值，则认为电机的转矩控制存在风险，此时VCU将会限制电机的转矩输出，若两者差值一直过大，则切断动力电池的动力输出。

（2）充电安全

在充电时需要防止车辆移动以及避免快充、慢充、行驶模式之间的冲突，为此进行如下设计：

1）只有档位放在P/N位时才允许充电。
2）在充电过程中，转矩需求及实际转矩输出都应当为0。
3）当充电枪插上时，不允许闭合控制高压电输出的接触器。
4）当充电回路绝缘电阻小于标准要求的阻值时，应当停止充电并断开高压接触器。

5. 动力电池安全设计策略

以北汽新能源纯电动汽车为例，动力电池相关的安全设计策略如下。

提示： 电池状态计算包括电池组荷电状态（State of Charge，SOC）和电池组健康状态（State of Health，SOH）两方面。SOC用来提示动力电池组剩余电量，是计算和估计电动汽车续驶里程的基础；SOH用来提示电池技术状态、预计可用寿命等健康状态的参数。

（1）动力电池可用容量修正

动力电池管理系统（BMS）根据单体电池（电芯）在环境温度下的放电容量，以及慢充过程中因为单体电池一致性变差导致动力电池系统充电并未真正充满等因素，确定可用容量上报给整车控制器VCU，VCU根据该值计算续驶里程。

（2）SOC估算及修正策略

BMS根据车载充电模式和行车模式下单体电池最高电压进行SOC修正。

（3）放电过程电流控制策略

行车放电过程中，放电电流不能超过BMS给VCU上报的最大允许放电电流值。放电过程电流控制策略是BMS根据动力电池当前的SOC及最高温度实时调整"最大允许放电电流"数值。

(4)能量回馈过程控制策略

BMS通过上报"最大允许充电电流"给VCU来表现动力电池当前状态可以接受最大回馈电流的能力。

(5)车载充电电流控制策略

车载充电时,BMS根据当前最小温度请求允许最大充电电流。当单体电池最高电压充电到3.6V时,BMS请求充电电流降到5A。单体电池最高电压达到3.7V,停止充电,并把SOC修正为100%。

(6)地面充电控制策略

地面充电(快充)时,动力电池管理系统与地面充电桩之间的交互信息及工作流程严格按照GB/T 27930—2015《电动汽车非车载传导式充电机与电池管理系统之间的通信协议》执行。

受限于动力电池的充电能力,为了更好地实现快充功能,在快充过程中设计有加热功能。

1)快充结束条件为电池最高单体电压 $V_{max} \geq 3.7V$。
2)快充过程中不进行SOC修正。
3)当电池最小温度 $T_{min} < 0℃$ 时,闭合加热继电器,开启加热功能。

(7)保温过程控制策略

车载充电完成之后,BMS根据电池的温度判断是否需要保温,如果需要保温,进入保温过程。

1)进入保温条件:电池温度 $T_{max} < 25℃$ 并且 $T_{min} < 10℃$。
2)在保温过程中,如果 $T_{min} < 5℃$,BMS向车载充电机请求加热需求电压360V,加热需求电流5A,并闭合加热继电器。
3)保温过程中,当 $T_{min} \geq 8℃$ 时,断开加热继电器,停止加热。
4)保温时间:6h。如果进入保温过程达到6h,停止保温,退出保温过程。

(8)动力电池故障处理策略

动力电池管理系统在行车模式/车载充电模式/地面充电模式下诊断、上报处理的故障,以及处理措施和恢复条件。

任务实施

1. 实施要求

本任务主要学习正确分析新能源汽车的安全设计的要求和特点。内容包括:
1)搜索、分析国家标准对新能源汽车安全设计的要求。
2)分析新能源汽车安全设计的特点。

2. 实施准备

1)防护装备:常规实训着装。

2）车辆、台架、总成：纯电动汽车、混合动力汽车整车或台架（车型不限）。

3）设备、专用工具：无。

4）手工工具：无。

5）辅助材料：国家标准、厂家维修手册或培训资料。

3. 实施步骤

（1）搜索、分析国家标准对新能源汽车安全设计的要求

利用电脑或手机等移动终端，搜索"电动汽车、国家标准、安全设计"等词汇，查询最新的相关国家标准，并进行学习和分析。

记录：_____
_____

（2）分析新能源汽车安全设计的特点

通过查询资料，结合学习的内容或车辆维修手册等资料，观察实车，分析该车辆的安全设计特点，并针对实际的应用方面进行讨论。

1）新能源汽车的安全设计：

维修安全设计：_____

碰撞安全设计：_____

电气安全设计：_____

功能安全设计：_____

2）动力电池安全设计策略：

电池可用容量修正：_____

SOC 估算及修正策略：_____

放电过程电流控制策略：_____

能量回馈过程控制策略：_____

车载充电电流控制策略：_____

地面充电控制策略：_____

保温过程控制策略：_____

动力电池故障处理策略：_____

3）安全设计的特点总结：_____

任务考核

一、自我测试　　　　　　　　　　　满分：__20分__　得分：_____

1. 判断题（每题 1 分）

1）GB 18384—2020《电动汽车安全要求》是目前最新的电动汽车安全相关的国家标准。　　　　　　　　　　　　　　　　　　　　（　　）

2）国家标准规定电动汽车高压电路达到 A 级电压，必须标记高压警告标记。（   ）

3）当车辆发生碰撞时，高电压系统应该切断高电压。（   ）

4）在动力电池输出高压电之前，先通过预充电回路对电池外部的高压系统进行预充电。（   ）

5）国家标准中，正对地绝缘阻值及负对地绝缘阻值均大于等于 100Ω/V 为合格。（   ）

6）和传统车型的主继电器一样，电动汽车高压系统的高压接触器只有 1 个。（   ）

7）为了充电安全，只有档位放在 P/N 位时才允许充电。（   ）

8）BMS 根据车载充电模式和行车模式下单体电池最高电压进行 SOH 修正。（   ）

9）动力电池单体最高电压达到 3.7V，停止充电，并把 SOC 修正为 100%。（   ）

10）车载充电完成之后，BMS 系统会根据动力电池的温度判断是否需要保温。（   ）

2. 单选题（每题 2 分）

1）GB 18384—2020《电动汽车安全要求》国家标准实施的时间是（   ）。
A. 2021 年 5 月 12 日　　　　　　　　B. 2020 年 1 月 1 日
C. 2021 年 1 月 1 日　　　　　　　　 D. 2020 年 5 月 12 日

2）国家标准明确了电动汽车高压电路 A 级安全电压值是（   ）。
A. 直流 60V，交流 36V　　　　　　　B. 直流 60V，交流 30V
C. 直流 60V，交流 25V　　　　　　　D. 直流 30V，交流 60V

3）国家标准规定电动汽车高压警告标记符号的颜色标准是（   ）。
A. 底色为红色，边框和箭头为黑色
B. 底色为黄色，边框和箭头为红色
C. 底色为黑色，边框和箭头为黄色
D. 底色为黄色，边框和箭头为黑色

4）国家标准规定电动汽车在最大工作电压下绝缘电阻应不小于是（   ）。
A. 直流和交流电路都是 500Ω/V
B. 直流和交流电路都是 100Ω/V
C. 直流电路 100Ω/V，交流电路 500Ω/V
D. 直流电路 500Ω/V，交流电路 100Ω/V

5）根据电动汽车存在的安全隐患以及实际的工作状况，主要从（   ）角度进行设计。
A. 维修安全、碰撞安全、拆装安全、功能安全
B. 维修安全、驾驶安全、电气安全、电池安全
C. 维修安全、碰撞安全、电气安全、功能安全
D. 维修安全、行车安全、电气安全、功能安全

二、教师评价

知识目标：□差 □合格 □中 □良 □优
技能目标：□差 □合格 □中 □良 □优
素质目标：□差 □合格 □中 □良 □优

评语：_____
_____
_____
_____
_____

任务二　新能源汽车安全隐患与事故形式

学习目标

知识目标
1. 能够描述新能源汽车的安全隐患。
2. 能够描述新能源汽车的事故形式。

技能目标
1. 能够检查并排除新能源汽车安全隐患。
2. 能够分析新能源汽车安全事故的原因。

素质目标
1. 培养良好的职业道德和工匠精神。
2. 培养安全意识和团队协作精神。
3. 培养自我管理和自主学习能力。

任务导入

近期发生多起电动汽车自燃甚至爆炸的事故，你的主管要求你对到店保养的电动车辆进行安全检查以排除隐患，你能完成这个任务吗？

获取信息

❓ 引导问题一　新能源汽车有哪些安全隐患？

新能源汽车（电动汽车）安全隐患包括高压触电安全隐患、动力电池安全隐患，以及车辆发生事故等特殊情况下可能存在的安全风险等。

1. 高压触电安全隐患

无论是纯电动汽车，还是高电压的混合动力汽车，其电压和电流等级都比较高。动力电池的额定电压一般在 300~600V，甚至更高。高压系统正常工作时，电流可达几百安培，已经远远超过人体能承受的极限。新能源汽车高压系统中的高压部件和电路，如果发生破损或者潮湿，就可能会漏电！此时，如果人体触及到相关漏电部件，会发生触电的危险！如图 2-2-1 所示为电动汽车发生触电事故的情形。

图 2-2-1　电动汽车发生触电事故的情形

2. 动力电池安全隐患

以新能源汽车常用的锂离子动力电池为例，在正常使用过程中不会出现安全问题，但如果电池的滥用会导致电池的热效应加剧，这是出现安全问题的导火索，最终表现为电池的"热失控"，从而引起安全事故。导致动力电池热失控有过充电、过放电、过电流和过温等情况。

（1）过充电

在给新能源（电动）汽车动力电池充电时，特别是在充电末期，电池内部离子的浓度增加，电池接受能力下降，电池再充电就会出现过充电。过充电时，如果电池的散热较好，或者过充电流很小，此时电池的温度较低，过充电后只发生电解液的分解，电池仍然安全。但是，如果此时电池的散热较差，或者由于高倍率充电导致电池温度很高而引发化学反应，往往导致安全隐患。

如图 2-2-2 所示为电动客车在动力电池过充电时导致火灾事故的发生。

图 2-2-2　动力电池过充电时导致火灾

为避免动力电池过充电，如果充满电后运行时间较短就充电，充电时间不宜过长，否则会造成过度充电，使动力电池发热引发事故。

（2）过放电

在动力电池放电末期，提供大电流的能力下降，当电池剩余电量不足而又需要大电流放电时，就会造成电池过放电。

过放电过程如下：当电池负极的锂离子完全脱出以后，为了维持电流，电池负极表面电极电位低的物质继续被氧化，同时正极材料中的锂离子有可能发生还原反应。在发生过放电时，由于电池负极的锂离子减少，脱出能力下降，极化电压增加，此时很容易导致电池负极的活性物质脱落，容易造成电池内部短路。电池内部短路的直接表现就是迅速产生热量引发着火隐患。

如果电动汽车在上坡、急加速时发生动力电池自燃，则可能原因是动力电池剩余电量不足，造成动力电池过放电。图 2-2-3 是在行驶中发生自燃的纯电动汽车。

图 2-2-3　在行驶中发生自燃的纯电动汽车

为避免动力电池过放电，在车辆正常行驶时，如果电量表指示电量不足，应尽快充电，否则会造成过度放电，使动力电池发热引发事故。

需要特别说明的是，过充电、过放电和充电不足都会缩短动力电池寿命。在新能源汽车使用过程中，应根据实际情况准确把握充电时间和充电频次。即便续驶里程要求不长，充一次电可以使用2~3天,但是还是建议每天都充电,这样使动力电池处于浅循环状态,使用寿命会延长。如果长时间停放车辆时,应定期检查动力电池状态并充电,保持电量充足,避免电池自放电影响电池寿命和过度放电损坏电池。图2-2-4所示为纯电动汽车的动力电池合适电量区间。

(3) 过电流

动力电池过电流主要有以下几种情况:

1) 低温环境下充放电。在低温环境下,由于电池的导电性和扩散性下降,特别是电池负极的锂离子活动能力下降,电池可接受电流的能力下降,容易导致电池出现过电流。

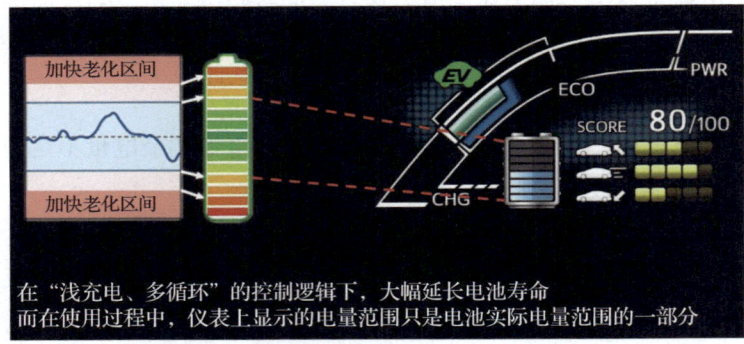

图2-2-4　纯电动汽车动力电池合适电量区间

2) 电池老化及电池的性能下降(包括容量降低、内阻增加等)后,如果仍按照原来的电流充电,容易导致产生的相对电流过大。

3) 电池一致性差异。在多个电池并联充电过程中,由于电池一致性的差异,单体电池的内阻各不相同,分配到各单体电池的充电电流不同,可能会导致分配到某些单体电池电流远大于充电电流。图2-2-5所示为多个电池并联充电,充电电流不一致导致过热损坏。

图2-2-5　充电电流不一致导致过热损坏

4) 电池的内部、外部短路。电池短路会在瞬间产生很大电流,电池内部温度急剧升高,而使电池发生泄漏、起火等安全事故。

（4）电池过温

上述提到的过充电、过放电、过电流会导致电池过温，以下几种情况也会引起电池过温：

1）电池的热管理系统失效。电池热管理失效表现为动力电池组总成内电池温度传感器损坏，或是检测控制电路失效或散热风扇损坏。图 2-2-6 所示为典型动力电池内部电池温度检测系统。

2）电池温度采样点数量有限。动力电池内部包含的单体电池数量众多，很难对每个单体电池都实现温度检测。

图 2-2-6　动力电池内部电池温度系统检测

3）电池温度采样点位置受限制。由于电池本身结构原因，新能源汽车的电池管理模块对电池的温度采样点一般都在电池正负极接线柱上，或者通过贴片采集电池外壳的温度，不能完全反映实际的电池内部温度。

4）工作环境温度高。如果电池靠近驱动电机或其他容易发热的部件，会导致电池过温。电池温度升高会造成电池本身性能的逐步下降，进一步加剧了电池内部的短路。

此外，由于电池本身温度过高，会导致电池产生热温度变形，从而导致泄漏等事故的发生。

引导问题二　新能源汽车有哪些事故形式？

新能源汽车（电动汽车）在行驶中发生危险运行工况（如交通事故、暴雨等）时，如果没有很好的安全设计，很容易造成安全事故。

1. 发生碰撞或翻车

当新能源汽车发生碰撞或翻车时，除了会对乘员造成机械伤害外，可能导致动力系统高压短路，此时动力系统瞬间产生大量热量，存在发生燃烧甚至爆炸的风险。此外，碰撞或翻车事故还可能造成高压部件及插接器脱落或高压导线断裂，可能对乘员造成触电伤害。

如果动力电池受到碰撞或因为燃烧导致温度过高,有可能造成电池电解液的泄漏,对乘员造成化学腐蚀等伤害。图 2-2-7 所示为电动汽车发生交通事故的情形。

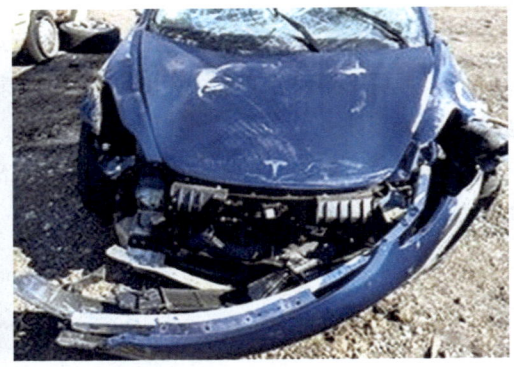

图 2-2-7　电动汽车发生交通事故的情形

2. 涉水或遭遇暴雨

当新能源汽车遇到涉水或遭遇暴雨等工况时,由于水汽侵蚀,高压导线的正极与负极之间可能出现绝缘电阻变小甚至短路的情况,可能引起电池的燃烧、漏液甚至爆炸;若电流流经车身,可能使乘员遭受触电风险。图 2-2-8 所示为电动汽车涉水的情形。

图 2-2-8　电动汽车涉水的情形

3. 高压系统短路

当动力系统的高压线路短路时,将会导致动力电池瞬间大电流放电,此时动力电池和高压线束的温度迅速升高,将会导致动力电池和高压线束的燃烧,严重时还可能会引起动力电池爆炸。

若动力电池的高压母线(主高压导线)与车身短路,乘员可能会触碰到动力电池的高压电,从而产生触电伤害。

图 2-2-9 所示为电动汽车因充电时高压系统短路发生自燃事故的情形。

项目二　新能源汽车安全设计特点与安全隐患　49

图 2-2-9　电动汽车发生自燃事故

4. 充电时车辆的意外移动

当车辆在充电时，如果车辆发生移动，可能会造成充电电缆断裂，使乘员以及车辆周围人员遭受触电风险。若充电电缆断裂前正在进行大电流充电，还可能造成动力电池的高压接触器粘连，从而进一步增加人员的触电风险。

图 2-2-10 所示为电动汽车充电时可能发生触电事故的情形。

图 2-2-10　充电时可能发生触电事故的情形

任务实施

1. 实施要求

本任务主要学习正确分析新能源汽车的安全隐患与事故原因。内容包括：

1）检查并排除新能源汽车安全隐患。

2）分析新能源汽车安全事故的原因。

2. 实施准备

1）防护装备：常规实训着装。

2）车辆、台架、总成：纯电动汽车、混合动力汽车整车或台架（车型不限）。

3）设备、专用工具：无。

4）手工工具：无。

5）辅助材料：国家标准、厂家维修手册或培训资料。

3. 实施步骤

（1）检查并排除新能源汽车安全隐患

通过查询资料，结合学习的内容或车辆维修手册等资料，检查实车，分析在什么情况下会造成安全隐患。如有可能造成安全隐患，讨论如何排除。

1）高压触电安全隐患：_____

_____

2）动力电池安全隐患：

过充电：_____

过放电：_____

过电流：_____

过　温：_____

其他记录：_____

（2）分析新能源汽车安全事故的原因

通过查询资料，结合学习的内容或车辆维修手册等资料，讨论分析以下事故可能的原因。

1）一辆纯电动汽车发生碰撞后，前机舱冒烟，并起火燃烧。

原因分析：_____

_____

2）一辆纯电动汽车路过积水的下穿隧道后，车辆无法行驶。

原因分析：_____

_____

3）一辆纯电动汽车，在不平路面行驶时底盘受到石块撞击，但仍然可以正常行驶。车辆开回车库几个小时以后，监控发现底盘后部冒烟，随后发生剧烈爆炸。

原因分析：_____

_____

4）一辆纯电动汽车，充电（慢充）的时候发生充电桩电源空气开关跳闸，车主重新合上开关后能够正常充电，于是离开。30min后车辆前机舱冒烟，车载充电机烧毁。

原因分析：_____

_____

_____

任务考核

一、自我测试　　　　　　　　　　满分：__20 分__　得分：_____

1. 判断题（每题 1 分）

1）新能源汽车高压系统中的高压部件和电路，如果发生破损或者潮湿，就可能会漏电！　　　　　　　　　　　　　　　　　　　　　　　（　　）

2）动力电池安全防护性能很好，无论怎样使用都不会出现安全问题。（　　）

3）动力电池的滥用会导致电池的"热失控"，从而引起安全事故。（　　）

4）动力电池在充电末期，继续大电流充电可能造成安全隐患。（　　）

5）在高温环境下充放电，可能导致动力电池过电流。（　　）

6）新能源汽车动力电池中，每个单体电池都有电池温度采样点。（　　）

7）新能源汽车发生碰撞或翻车时，造成乘员伤害最多。（　　）

8）新能源汽车安全防护等级为 IP67，遇到涉水或遭遇暴雨时不会有风险。（　　）

9）高压线路短路时可能会引起动力电池爆炸。（　　）

10）当车辆在充电时，如果车辆发生移动，可能会造成触电风险。（　　）

2. 单选题（每题 2 分）

1）导致动力电池热失控有（　　）等情况。
  A. 过充电和过放电
  B. 过电流和过温
  C. A 和 B 都是
  D. A 和 B 都不是

2）动力电池过放电发生在（　　）。
  A. 电池充满电而又需要大电流放电时
  B. 电池剩余电量不足而又需要大电流放电时
  C. 电池充满电而又继续充电时
  D. 电池剩余电量不足而车辆又缓慢行驶时

3）以下会造成动力电池寿命缩短的是（　　）。
  A. 过充电　　　　　　　　　B. 过放电
  C. 充电不足　　　　　　　　D. 以上都是

4）以下会造成动力电池过温的是（　　）。
  A. 过充电　　　　　　　　　B. 过放电
  C. 过电流　　　　　　　　　D. 以上都是

5）以下最不可能造成电动汽车安全事故的是（　　）。
  A. 碰撞或翻车时　　　　　　B. 涉水或遭遇暴雨
  C. 堵车缓慢行驶时　　　　　D. 高压线路短路

二、教师评价

知识目标：□差　　□合格　　□中　　□良　　□优

技能目标：□差　　□合格　　□中　　□良　　□优

素质目标：□差　　□合格　　□中　　□良　　□优

评语：_____

_____

_____

_____

_____

项目三 新能源汽车安全防护装备与工具设备使用

项目描述

新能源汽车具有高电压，在维护、检修高压系统时会有高电压触电的风险，必须采用安全防护装备。另外，高压系统检修也需要专用的工具设备，如绝缘拆装工具、动力电池举升机、绝缘电阻测试仪、钳形电流表等。

本项目包括以下两个任务：

任务一，安全防护装备使用；

任务二，绝缘拆装工具和检测设备使用。

通过以上两个任务的学习，你将掌握新能源汽车安全防护装备，以及绝缘拆装工具、检测设备的类型和使用方法。

任务一 安全防护装备使用

学习目标

知识目标

1. 能够描述安全防护装备的类型和检查、使用方法。
2. 能够描述新能源汽车火灾的特点和灭火器材的种类、使用方法。

技能目标

1. 能够检查和使用新能源汽车安全防护装备。
2. 能够检查和使用随车灭火器材。

素质目标

1. 培养良好的职业道德和工匠精神。
2. 培养安全意识和团队协作精神。
3. 培养自我管理和自主学习能力。

54　新能源汽车高压安全与防护

任务导入

在检修电动汽车高压系统前,你的主管要求你做好个人安全防护措施,你知道应该怎么做吗?

获取信息

❓ 引导问题一　新能源汽车有哪些安全防护装备?

虽然新能源汽车(电动汽车)都设计了完善的防止意外触电功能,但是针对事故车辆、故障车辆以及始终存在高压电的动力电池组总成,维修人员必须做好防止被高压电击伤的安全防护。

如图 3-1-1 所示为新能源(电动)汽车常用的安全防护装备,包括高压安全警告标识和隔离带、绝缘手套、护目镜、绝缘安全鞋、绝缘安全帽以及非化纤工作服等。

高压防护用品的穿戴

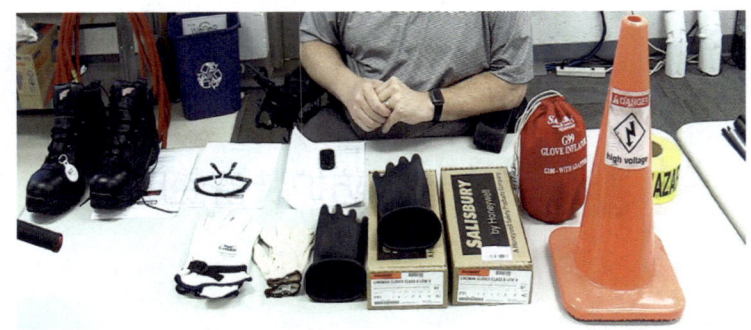

图 3-1-1　新能源汽车常用的安全防护装备

1. 高压安全警告标识

在高压维修工位或车辆、高压部件附近放置明显的警告标识,防止无关人员进入工位或触摸高压部件发生触电事故,如图 3-1-2 所示。

图 3-1-2　安全警告标识

2. 个人安全防护装备

（1）绝缘手套

在拆卸及安装高压部件的时候应使用绝缘手套。橡胶材质的电工绝缘手套具备两种性能：一是在进行高电压部件或线路操作时，能够承受1000V以上的工作电压；二是具备抗酸碱性，当工作中接触来自动力电池的氢氧化物等腐蚀性化学物质时，能防止这些物质对人体的伤害，如图3-1-3所示。

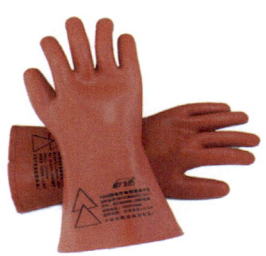

图 3-1-3　绝缘手套

绝缘手套需要定期检验，而且在每次使用前必须进行泄漏检查。检查的方法是向手套内吹入一定的空气，观察手套是否有漏气（图3-1-4）。

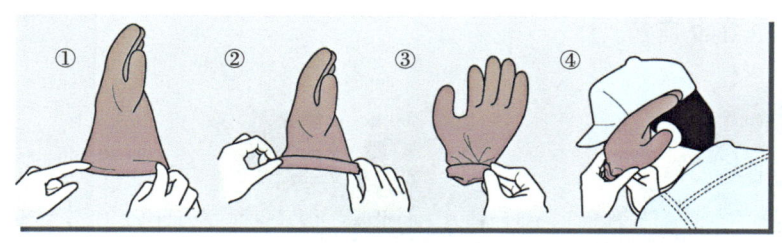

图 3-1-4　绝缘手套检查流程

如图3-1-5所示为在使用过程中绝缘手套的检查流程与注意事项。

第一步：检查绝缘手套是否在有效检验期内。

第二步：检查绝缘手套橡胶完好，外表无损伤破漏。

第三步：吹气检查绝缘手套是否有漏气现象。

第四步：正确佩戴好绝缘手套，并按要求使用。

第五步：使用后擦净、晾干，最好撒上一些滑石粉，以免粘连。

图 3-1-5　绝缘手套的使用检查流程

（2）护目镜

护目镜除了正面防护眼睛外，应该具有侧面防护功能，防止维修过程中产生的电火花，以及动力电池的电解液对眼睛的伤害，如图3-1-6所示。护目镜使用前应检查外观是否破损。

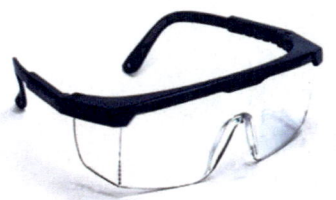
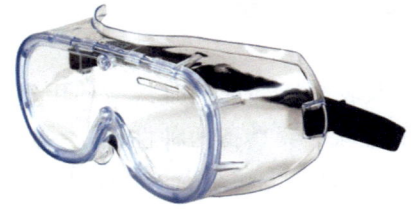

图 3-1-6　护目镜

（3）绝缘安全鞋

绝缘安全鞋（靴）也称电绝缘鞋，作用是使人体与地面绝缘，防止电流通过人体与大地之间构成通路，对人体造成电击伤害，把触电时的危险降低到最小程度。因为触电时电流是经接触点通过人体流入地面的，所以高压电气作业时不仅要戴绝缘手套，还要穿绝缘安全鞋。

绝缘安全鞋（靴）如图 3-1-7 所示。

图 3-1-7　绝缘安全鞋（靴）

绝缘安全鞋除了应具备透气性能好、防静电、耐磨、防滑等功能外，电性能要求是绝缘安全鞋产品的核心和关键技术指标。国家标准 GB12011—2009《足部防护电绝缘鞋》规定了电绝缘鞋的分类、式样、技术要求、测试方法、检验规则、标志、包装、运输和贮存。按国家标准规定，安全鞋的泄漏电流需小于 0.3mA/kV，即使实验电压达到 30kV，泄漏电流值也不会大于 10mA。

（4）绝缘安全帽

在举升车辆和拆卸、安装动力电池时应戴绝缘安全帽，保护头部安全，如图 3-1-8 所示。使用前应检查外观是否破损、固定装置是否正常。

图 3-1-8　绝缘安全帽

（5）非化纤工作服

维修高电压系统时，必须穿非化纤类（纯棉等非化工合成材质）的工作服。化纤类的工作服会产生静电，并且当发生火灾事故时，化纤会在高温环境下粘连人体皮肤，导致对维护人员产生严重的二次伤害。图 3-1-9 所示为纯棉工作服。

图 3-1-9 纯棉工作服

❓ 引导问题二　新能源汽车发生火灾时，如何灭火？

1. 新能源汽车火灾的特点及施救器材

（1）新能源汽车火灾的特点

新能源（电动）汽车涉及高压电路，发生电气火灾的概率及危害远大于传统的内燃机汽车，因此必须预防车辆自燃等火灾的发生，及时处理机舱内的油污、插接件松动或线束老化等隐患。

电动汽车发生火灾时，如果只是线束冒烟，或小范围明火，推荐使用灭火器灭火。

如果发生大面积火灾，特别是动力电池部位的火灾，最有效的灭火方式是采用大量的水灭火。因为电动汽车起火多为电路短路起火，这种情况下为了保证人员安全，使用大量的水（即采用消防栓及其他消防设备）会快速对短路产生的热量降温，并使电能耗尽，达到有效灭火的目的。但是如果使用少量的水，例如只用一桶，则更加危险，将会加剧动力电池火灾的程度。

（2）灭火器的分类和适用范围

不同国家和地区对灭火器的分类略有不同，但基本上是按火灾的种类分类。以下是常见的分类标准（欧盟和我国采用）：

A 类（Class A）：含碳可燃固体之火警，如木、草、纸张、塑胶、橡胶；

B 类（Class B）：可燃液体之火警，如汽油、柴油、油、机油；

C 类（Class C）：可燃气体之火警，如石油气、天然气、乙炔、甲烷；

D 类（Class D）：可燃固体金属之火警，如镁、铜、铁、铝；

E 类（Class E）：通电物体之火警，指带电物体和精密仪器等设备的火灾。

从电动汽车的火灾类型来说，属于 E 类火灾，需要使用满足电气绝缘要求的灭火器来扑灭。在扑救未切断电源的电气火灾时，则推荐使用以下几种灭火器：

1）二氧化碳灭火器：适合扑救电气设备发生的火灾，二氧化碳没有腐蚀作用，不损坏电气设备，如图 3-1-10 所示。

二氧化碳灭火剂是一种具有一百多年历史的灭火剂，价格低廉，获取容易。二氧化碳具有较高的密度，约为空气的1.5倍，主要依靠窒息作用和部分冷却作用灭火。

2）干粉灭火器：一般称ABC干粉灭火器，适合扑灭ABC类火灾。也适用扑救电气火灾，灭火速度快，如图3-1-11所示。

图3-1-10　二氧化碳灭火器

图3-1-11　干粉灭火器

干粉灭火器内部装有磷酸铵盐等干粉灭火剂，这种干粉灭火剂具有易流动性、干燥性，由无机盐和粉碎干燥的添加剂组成，可有效扑救初起火灾。

但干粉几乎没有冷却作用，要防止复燃。

3）水基灭火器：水基灭火器适用于扑救固体或非水溶性液体的初起火灾，如图3-1-12所示。对于电气火灾，水基灭火器对电绝缘性能最高可达到36kV，可扑灭各种电器火灾。

灭火药剂的主要成分表面活性剂等物质和处理过的纯净水搅拌，以液态形式存在，因此称水基灭火器。

水基灭火器在喷射后，成水雾状，能瞬间蒸发火场大量的热量，迅速降低火场温度，抑制热辐射。表面活性剂在可燃物表面迅速形成一层水膜，隔离氧气，起降温、隔离双重作用，从而达到快速灭火的目的。

有些专业人士认为，水基灭火器更适合不会使用灭火器的普通人员。即使喷射位置不准确，喷过去的水雾也能自动扩散，甚至喷到着火点表面后，还能继续扩散直到将火焰覆盖。

以上的灭火器应该根据实际的条件使用。注意绝对不能用酸碱或泡沫灭火器，因其灭火药液有导电性，而且酸碱药液会强烈腐蚀电气设备，事后不易清除。

2. 灭火器的使用方法

各种类型的灭火器使用方法大同小异，使用时应参照灭火器上标注的说明书，并严格按照消防部门的培训（消防演习）执行。

常用的车载灭火器都是ABC干粉灭火器，灭火时应手提干粉灭火器快速奔赴火点，

适用范围	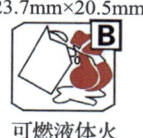 固体材料火	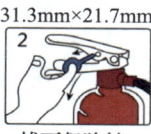 可燃液体火	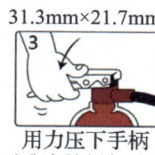 带电物质火
使用方法	1 提起灭火器	2 拔下保险销	3 用力压下手柄对准火焰根部喷射

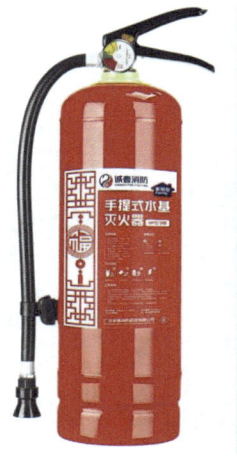

警示

1. 本产品用于灭电器设备火时，灭火距离不小于1m，灭火后必须先切断电源，再清理现场。使用时不得倒置或平放。
2. 本产品防止日晒、雨淋、高温，应存放于干燥处。
3. 客户定期检查，发现压力指示器指针低于绿区，应再充气。
4. 灭火器一经开启，必须再充装。再充气、再充装，必须送专业维修部门。
5. 本灭火器的贮存期为四年，每两年需到专业部门进行检测和维护。

主要性能	
灭火级别	2A、89B
灭火剂	S-3-AB-1水系灭火剂
使用温度	0~+55℃
驱动气体（20℃）	氮气1.2MPa
水压测试压力	2.1MPa

图3-1-12　水基灭火器

站在上风方向在距离燃烧处1~2m左右，先将开启把上的保险销拔下，然后将喷嘴部迅速对准火焰的根部扫射灭火。当干粉喷出后，手始终压下压把不能放开，否则会中断喷射。操作要点如下：

1）先晃动几下灭火器瓶身，使瓶内干粉松动，然后拔下保险销，如图3-1-13所示。

2）左手托住瓶底，右手握住把手，按下压把，如图3-1-14所示。

3）一只手拿喷管对准火焰根部，如图3-1-15所示，另一只手压压把，用力压下压把，拿喷管左右摆动，干粉在气体的压力下由喷嘴喷出，形成浓云般的粉雾，直至火焰熄灭。

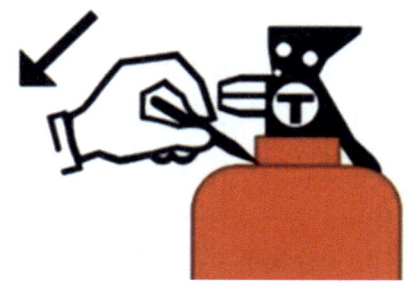

图3-1-13　拔下保险销

4）最后扑救地面的火时，要平射，左右摆动，使干粉掩盖火势面积，根据火势情况，慢慢向火势靠近，使火势彻底扑灭。

注意事项：

因灭火器射程和喷射时间有限，灭火时要选准距离和角度尽量接近火源，掌握好灭火方向和角度。

图 3-1-14 按下压把

图 3-1-15 对准火焰根部喷射

任务实施

1. 实施要求

本任务主要学习新能源汽车安全防护装备及灭火器的检查和使用。内容包括：

1）检查和使用新能源汽车安全防护装备。

2）检查和使用常用的灭火器。

高压防护用品的检查

2. 实施准备

1）防护装备：绝缘防护装备（高压安全警告标识及隔离带、绝缘手套、护目镜、绝缘安全鞋、绝缘安全帽以及非化纤工作服）。

2）车辆、台架、总成：无。

3）设备、专用工具：ABC 干粉灭火器或其他类型的灭火器。

4）手工工具：无。

5）辅助材料：消防安全培训资料。

3. 实施步骤

（1）检查和使用新能源汽车安全防护装备

1）高压安全警告标识及隔离带：在工位上布置高压安全警告标识及隔离带。

记录：_____

_____

2）绝缘手套：检查绝缘手套的规格，以及是否漏气及其他损坏，并佩戴。

记录：_____

_____

3）护目镜：检查护目镜是否破损及其他损坏，并佩戴。

记录：_____

_____

4）绝缘安全鞋：检查绝缘安全鞋的规格，以及是否破损及其他损坏，并穿戴好。
记录：_____
_____

5）绝缘安全帽：检查绝缘安全帽的规格，以及是否破损及其他损坏，并穿戴好。
记录：_____
_____

6）非化纤工作服：检查工作服是否属于非化纤工作服。
记录：_____
_____

其他记录：_____
_____
_____

（2）检查和使用灭火器

提示： 以下内容可以结合消防演习进行，并严格按照消防部门的培训要求执行。

1）灭火器检查：检查灭火器的类型、规格，以及是否在有效期内。
记录：_____
_____
_____

2）灭火器的操作：参照灭火器上标注的说明书操作，进行灭火练习。
记录：_____
_____
_____

（3）其他

检查车间消防安全宣传、消防栓、消防砂等其他消防设施。

任务考核

一、自我测试   满分：__20分__ 得分：_____

1. 判断题（每题1分）

1）电动汽车设计了完善的防止意外触电功能，维修人员没必要进行特别的安全防护。　　　　　　　　　　　　　　　　　　　　　　　　　（　　）
2）在高压维修工位或车辆、高压部件附近，应放置明显的警告标识。（　　）
3）绝缘手套需要定期检验，而且在每次使用前必须进行泄漏检查。（　　）

4）普通近视眼镜就可以替代护目镜使用。　　　　　　　　　　　　（　　）
5）绝缘安全鞋的作用是使人体与电动汽车高压线路绝缘。　　　　（　　）
6）在举升车辆、拆卸及安装动力电池时应戴绝缘安全帽，保护头部安全。（　　）
7）涤纶、尼龙等材质的衣服属于非化纤类的工作服。　　　　　　（　　）
8）电动汽车如果只是线束冒烟，或小范围明火，推荐使用灭火器灭火。（　　）
9）水基灭火器更适合不会使用灭火器的普通人员。　　　　　　　（　　）
10）常用的车载灭火器都是二氧化碳灭火器。　　　　　　　　　　（　　）

2. 单选题（每题2分）

1）以下不属于电动汽车安全防护装备的是（　　）。
　　A. 绝缘手套　　　　　　　　　B. 护目镜
　　C. 绝缘安全鞋　　　　　　　　D. 绝缘测试仪

2）橡胶材质的电工绝缘手套具备的性能是（　　）。
　　A. 承受高电压　　　　　　　　B. 抗酸碱性
　　C. A和B都是　　　　　　　　　D. A和B都不是

3）护目镜的防护功能包括（　　）。
　　A. 电火花　　　　　　　　　　B. 电解液
　　C. A和B都是　　　　　　　　　D. A和B都不是

4）电动汽车发生大面积火灾时，最好的灭火设备是（　　）。
　　A. 消防栓　　　　　　　　　　B. 干粉灭火器
　　C. 水基灭火器　　　　　　　　D. 二氧化碳灭火器

5）电动汽车火灾的分类，最准确的应该是（　　）。
　　A. B类　　　　　　　　　　　　B. C类
　　C. D类　　　　　　　　　　　　D. E类

二、教师评价

知识目标：□差　　□合格　　□中　　□良　　□优
技能目标：□差　　□合格　　□中　　□良　　□优
素质目标：□差　　□合格　　□中　　□良　　□优

评语：_____

_____

_____

_____

_____

任务二　绝缘拆装工具和检测设备使用

学习目标

知识目标

1. 能够描述新能源汽车维修绝缘拆装工具和检测设备的类型。
2. 能够描述绝缘测试仪和钳形电流表的使用方法。

技能目标

1. 能够认识新能源汽车维修绝缘拆装工具和检测设备。
2. 能够使用绝缘测试仪测量高压部件绝缘电阻。
3. 能够使用钳形电流表测量高压电流。

素质目标

1. 培养良好的职业道德和工匠精神。
2. 培养安全意识和团队协作精神。
3. 培养自我管理和自主学习能力。

任务导入

你所在的维修站采购了一批新能源汽车维修工具和检测设备，你的主管让你对这些工具设备进行检查和测试，你能完成这个任务吗？

获取信息

引导问题一　新能源汽车维修需要哪些拆装工具及检测设备？

除了传统的汽车维修工具和检测设备外，新能源汽车因为存在高压电路，需要专用的维修工具和检测设备。常用的新能源汽车维修工具和检测设备类型见表 3-2-1。

表 3-2-1　新能源汽车常用的维修工具和检测设备

序号	类型	工具设备名称	规格要求	单位	备注
1	绝缘工具	绝缘拆装工具套装	高压电维修绝缘工具，耐压 1000 V 以上	套	含工具车、零件车

(续)

序号	类型	工具设备名称	规格要求	单位	备注
2	举升设备	动力电池举升机	带绝缘垫	台	配套双柱龙门举升机使用
3	检测仪表	钳形电流表	符合 CAT Ⅲ 要求	块	
4		绝缘测试仪	符合 CAT Ⅲ 要求	个	
5		数字万用表	符合 CAT Ⅲ 要求	块	与传统车辆通用
6		示波器	符合 CAT Ⅲ 要求	套	
7		红外线测温仪	符合 CAT Ⅲ 要求	个	
8	故障诊断设备	车型故障诊断仪	对应车型	套	根据车型配置

CAT 等级说明：根据国际电工委员会 IEC1010-1 的定义，把电工工作的区域分为四个等级，分别称作 CAT Ⅰ、CAT Ⅱ、CAT Ⅲ 和 CAT Ⅳ。CAT 等级是向下单向兼容的，也就是说，一块 CAT Ⅳ 的万用表在 CAT Ⅰ、CAT Ⅱ 和 CAT Ⅲ 下使用是完全安全的，但是一块 CAT Ⅰ 的万用表在 CAT Ⅱ、CAT Ⅲ、CAT Ⅳ 的环境下使用就不保证安全了。

1. 绝缘工具

(1) 绝缘与绝缘材料

绝缘是指用不导电的物质 (绝缘材料) 将带电体隔离或包裹起来，以对触电起保护作用的一种安全措施。良好的绝缘是保证设备和线路运行的必要条件，也是防止触电事故、漏电、短路的重要措施。绝缘材料除了上述作用外还起着其他作用，包括散热冷却、机械支撑和固定、储能、灭弧、防潮、防霉以及保护导体等。

(2) 绝缘工具

绝缘工具是采用绝缘材料进行加工并适用于电气系统拆装等操作的工具。使用绝缘工具可以有效防止意外触电事故的发生，新能源汽车涉及高压的零部件拆装必须使用绝缘拆装工具。绝缘拆装工具必须装有耐压 1000V 以上的绝缘柄。绝缘拆装工具包括常用的套筒、扳手、螺钉旋具、钳子、电工刀等。图 3-2-1 所示是带绝缘柄的拆装工具。

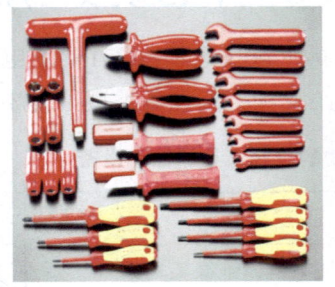
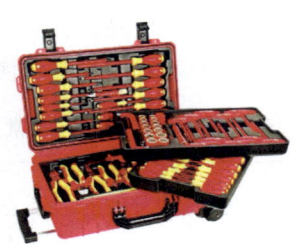

图 3-2-1 带绝缘柄的拆装工具

新能源汽车维修中,涉及高压部件拆装时应该采用绝缘的拆装工具。绝缘工具的使用方法与普通工具相同,但是需要注意以下事项:

1)绝缘工具应有专门的工具室存放,室内应通风良好、清洁、干燥。

2)如果发现绝缘工具损伤或受潮,应及时进行检修和干燥处理,试验合格后方可使用。

3)绝缘工具必须按规定定期进行绝缘性能的试验,不符合试验要求的,禁止使用。

如图3-2-2所示为储存绝缘工具的工具车;图3-2-3所示为带绝缘垫的零件车,用于放置拆卸下来的高压部件。

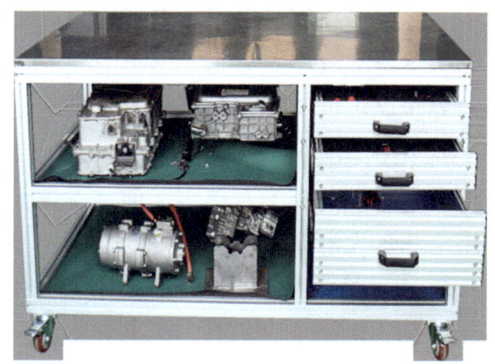

图3-2-2　储存绝缘工具的工具车　　　　　图3-2-3　带绝缘垫的零件车

2. 举升设备 / 动力电池举升机

纯电动汽车的动力电池重量高达400~500kg,拆装时必须使用动力电池举升机。动力电池举升机配套双柱龙门举升机使用,顶部带绝缘垫,举升动力有液压动力、气动、电动等类型。

如图3-2-4所示为带绝缘垫的动力电池举升机。

图3-2-4　动力电池举升机

引导问题二 如何使用新能源汽车维修检测设备？

新能源汽车维修中使用的检测设备有数字式万用表、绝缘测试仪（如绝缘电阻表、数字式高压绝缘测试仪）、钳形电流表、示波器、红外线测温仪、故障诊断仪器等类型。其中数字式万用表、示波器、红外线测温仪、故障诊断仪器的要求耐压1000V以上，使用方法与传统车型基本相同，以下只介绍绝缘测试仪和钳形电流表的使用方法。

1. 绝缘测试仪的使用

新能源汽车检测与维修中，对高压电气系统的绝缘性能检测时需要使用专用的绝缘测试仪器，测量高压电缆及高压部件对车身绝缘电阻是否位于规定值范围内。

利用数字式万用表、绝缘电阻表、数字式绝缘测试仪等仪器可以完成绝大多数的绝缘测试，只是测试的量程和精度有所区别。

（1）绝缘电阻表

绝缘电阻表的种类有很多，但其作用大致相同。最常用的是手摇绝缘电阻表，俗称摇表，用来测量大电阻和绝缘电阻的检测仪表，计量单位是兆欧（MΩ），故习惯称兆欧表。图3-2-5所示是常见的手摇绝缘电阻表及接线柱的功能。绝缘电阻表有三个接线柱，分别是"接地"（E）、"线路"（L）以及"保护环"或"屏蔽"（G）。

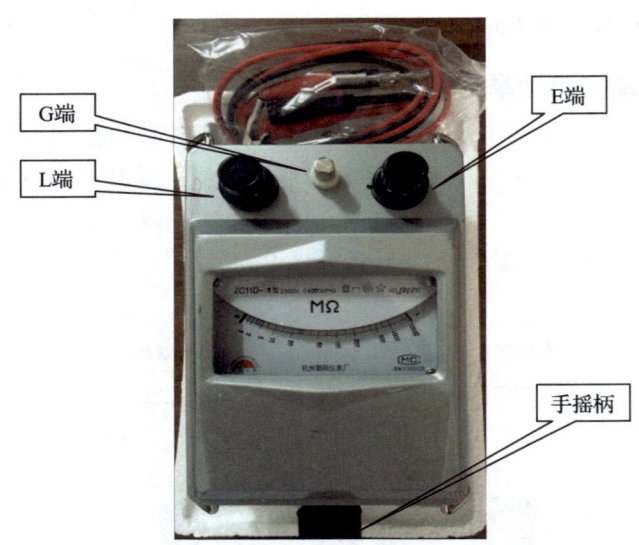

图3-2-5 手摇绝缘电阻表及接线柱功能

常见的手摇绝缘电阻表的玻璃显示屏保护盖背面会贴有使用说明书，使用时可以方便地参照说明书操作。

1）E端：接地端，接被测设备的接地部分或外壳。

2）L端：接线端，接被测设备的导体部分。

3）G端：保护环，主要用于高压电缆（导线）绝缘电阻的测量。

（2）数字式绝缘测试仪

以 Fluke 公司的产品为例，Fluke 1503 绝缘测试仪、1508 绝缘测试仪、1577 绝缘多用表和 1587 绝缘多用表、Fluke 1550B 5kV 绝缘电阻表和 1520 绝缘电阻表都可以进行电动汽车的绝缘测试，这些仪器虽然具有不同的名称，但都可以被称为绝缘测试仪。图 3-2-6 所示为 Fluke 1508 数字式绝缘测试仪。

（3）绝缘电阻测试方法

提示：为了避免触电或人身伤害，请首先仔细阅读并严格按仪表使用手册操作。

用 Fluke1587 绝缘多用表进行绝缘电阻测试的方法如图 3-2-7 所示。

以下以应用广泛的 Fluke 1508 数字式绝缘测试仪为例，介绍绝缘电阻的测试方法。

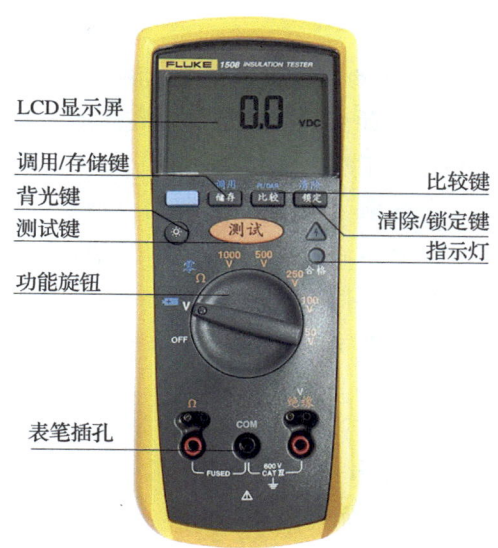

图 3-2-6　Fluke 1508 数字式绝缘测试仪

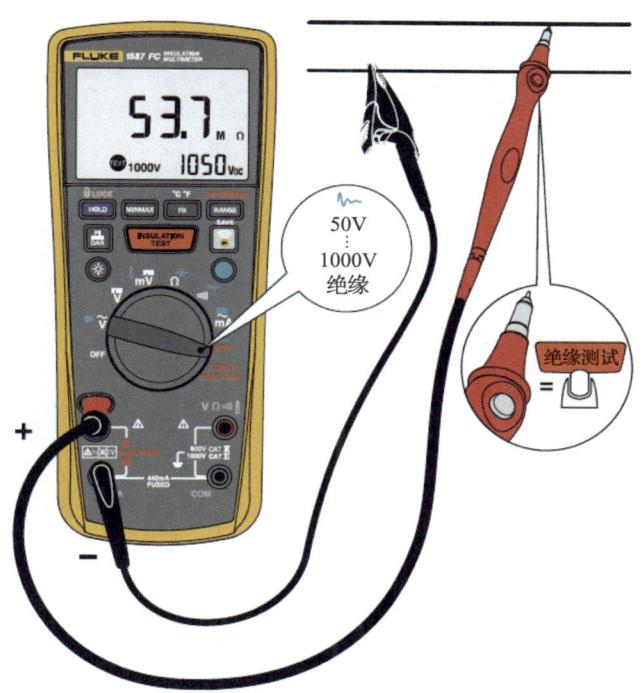

图 3-2-7　绝缘测试方法

注意：在将测试导线与电路或设备连接时，在连接带电导线之前先连接公共（COM）测试导线；当拆下测试导线时，要先断开带电的测试导线，再断开公共测试导线。

警告：绝缘测试只能在不通电的电路上进行。测试之前先检查测试仪的电源和熔丝。

1）绝缘测试仪内部电池测试。绝缘电阻测试时，绝缘测试仪必须给被测部件施加高电压，因此测试仪内部装有高性能的电池，测试前应检查电池是否正常。

绝缘测试仪使用完毕后，应将开关关闭，如果长期不使用，还应将测试仪内部的电池取出，以避免电池腐蚀测试仪内部其他部件。

①将绝缘测试仪的功能旋钮旋至电池电压档，如图3-2-8所示。

②按下蓝色电池测试按钮，启动满负荷电池测试，所测的电池电压会在主显示位置上显示2s，如图3-2-9和图3-2-10所示。

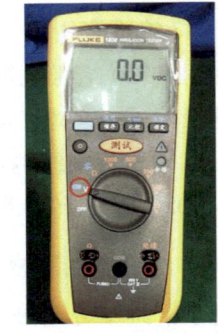

图 3-2-8　将绝缘测试仪的功能旋钮旋至电池电压档

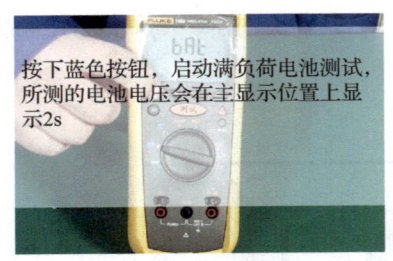

图 3-2-9　启动满负荷电池测试

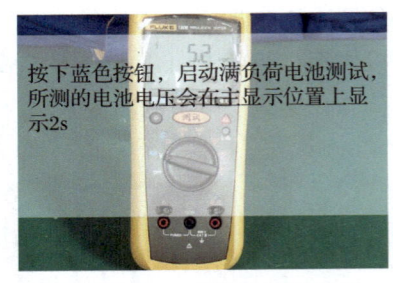

图 3-2-10　电池电压值显示

③关闭绝缘测试仪。

2）绝缘测试仪内部熔丝测试。为保护绝缘测试仪，测试仪内部装有熔丝，测试前应检查熔丝是否正常。

①将绝缘测试仪功能旋钮旋至欧姆档，如图3-2-11所示。

②按住测试按钮，测试熔丝，若显示屏读数是FUSE（熔丝），则表示熔丝已损坏，应予以更换，如图3-2-12所示。

③关闭绝缘测试仪。

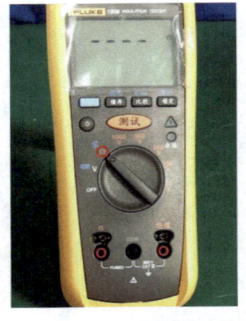

图 3-2-11　将绝缘测试仪功能旋钮旋至欧姆档

3）绝缘电阻测试。绝缘电阻测试步骤如下：

警告：在进行绝缘电阻测试时，请勿用手去触摸表笔的金属部分，避免发生触电危险。

①如图3-2-13所示，将测试探头（黑表笔）插入"COM"端子。

提示：如果使用FLUKE 1587绝缘多用表，插入"-"端子。

②如图3-2-14所示，将测试探头（绝缘测试笔）插入"电压绝缘测试输入"端子。

项目三 新能源汽车安全防护装备与工具设备使用 | 69

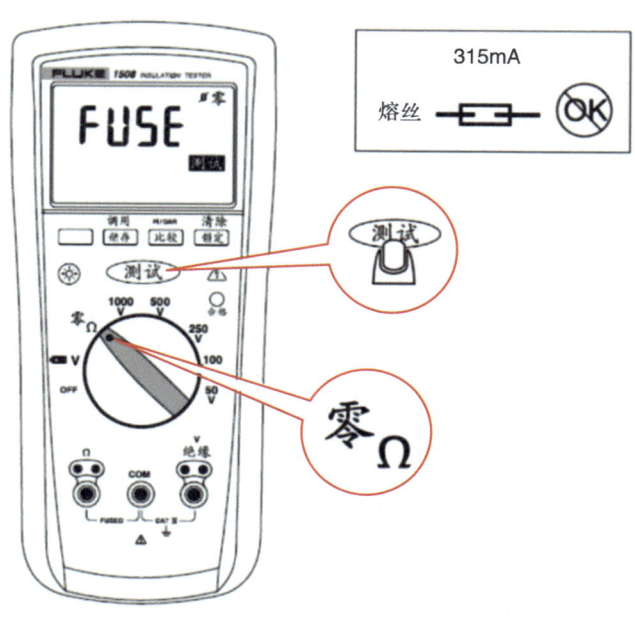

图 3-2-12 熔丝测试结果

提示：如果使用 FLUKE 1587 绝缘多用表，插入"+"端子。

图 3-2-13 将黑表笔插入"COM"端子

图 3-2-14 将绝缘测试笔插入
"电压绝缘测试输入"端子

③选择测试对象，如高压部件端子、高压导线及其他需要测试绝缘的物体。以下以 25kV 绝缘手套作为测试对象，如图 3-2-15 所示。

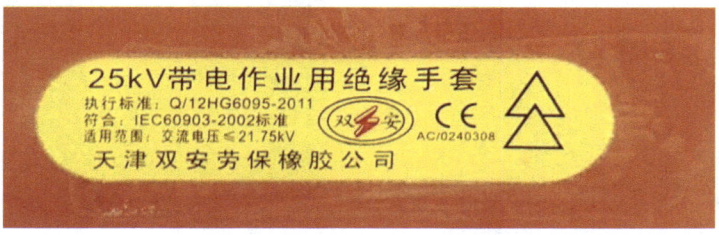

图 3-2-15 选择测试对象（绝缘手套）

④如图 3-2-16 所示，将功能旋钮档位旋至 500V 电压档，测试仪显示位置显示"----"。

提示： 如果使用 FLUKE 1587 绝缘多用表，将旋钮转至"INSULATION（绝缘）"位置，按"RANGE"（量程）选择电压量程。

当开关调至该位置时，测试仪将启动电池负载检查。如果电池未通过测试，显示屏下部将出现"电池"符号，在更换电池前不能进行绝缘测试。

⑤如图 3-2-17 所示，将探头（表笔）与待测的部件或电路连接。测试仪会自动检查部件或电路是否通电。

图 3-2-16　选择测试档位（500V 电压档）

⑥如图 3-2-18 所示，按下测试仪上的绝缘测试（INSULATION TEST）或测试探头上的按键，此时将获取一个有效的绝缘电阻读数。

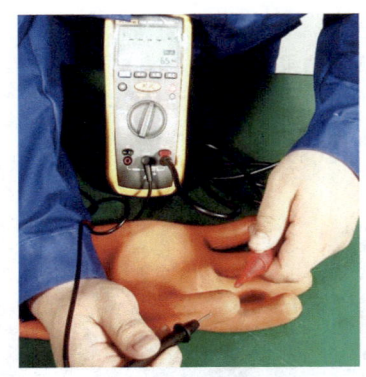

图 3-2-17　将两表笔与待测的绝缘部件连接

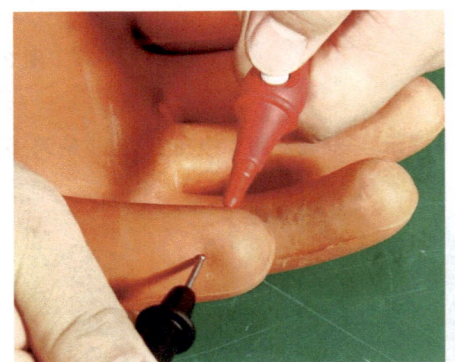

图 3-2-18　按下测试按键

提示： 如果电路电源超过 30V（交流或直流），测试仪显示区显示超过 30V 以上警告的同时，显示高压符号，测试被禁止，必须立即关闭电源。

⑦如图 3-2-19 所示，等待测试仪读数稳定后，读取测试仪有效的绝缘电阻值。

⑧如图 3-2-20 所示，关闭绝缘测试仪，并拆下测试探头（表笔）。

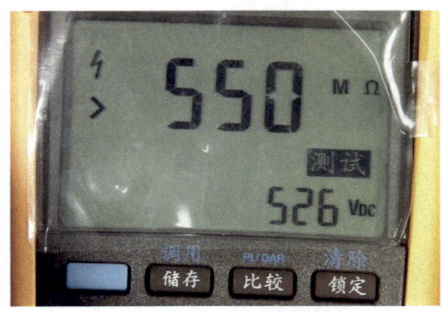

图 3-2-19　读取仪表有效的绝缘电阻值

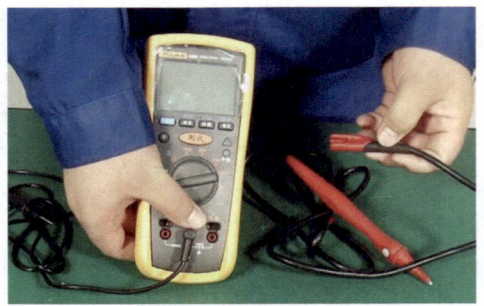

图 3-2-20　关闭绝缘测试仪

2. 钳形电流表的使用

在新能源汽车检测与维修中，经常需要测量高压导线中的电流。由于驱动系统的导线（如逆变器与电机之间）存在较大的交变电流，必须使用钳形电流表（也称数字式电流钳）进行间接测量。

常见的钳形电流表品牌较多，典型的有 FLUKE 317/319 等，如图 3-2-21 所示。

（1）功能简介

钳形电流表工作部分由一只电流表和穿心式电流互感器组成。穿心式电流互感器铁心制成活动开口，且成钳形，故名钳形电流表，是一种不需断开电路就可测量电路中电流的携带式仪表。

钳形电流表的测量原理是建立在电流互感器工作原理的基础上的，当放松扳手铁心闭合后，

图 3-2-21　FLUKE 317/319 钳形电流表

根据互感器的原理而在其二次绕组上产生感应电流，从而指示出被测电流的数值。当握紧钳形电流表扳手时，电流互感器的铁心可以张开，被测电流的导线进入钳口内部作为电流互感器的一次绕组。

（2）测量操作步骤

以 FLUKE 317 钳形电流表为例，在测量电流时，如图 3-2-22 所示，可以按以下步骤进行：

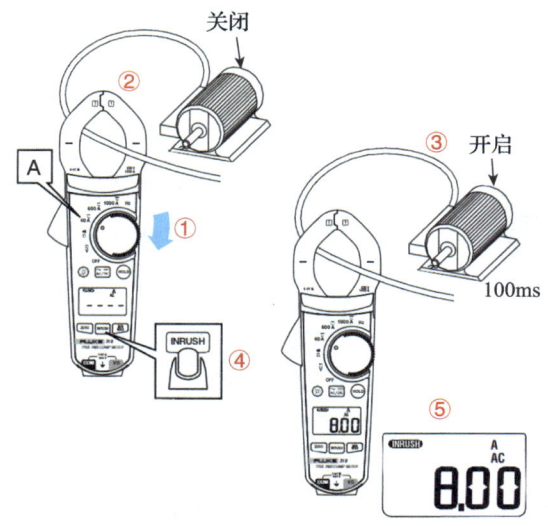

图 3-2-22　电流测试步骤示意图

1）估算电流大小，选择正确档位与电流类型（交流或直流）。例如，如果需要测量三相驱动电机的某一相电流，选择 600A 交流电流档，如图 3-2-23 所示。

2)打开电流钳,将被测量线路放入电流钳口之中,如图 3-2-24 所示。

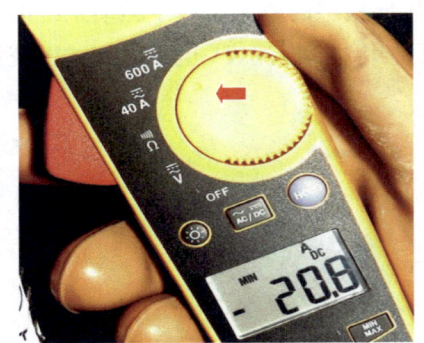

图 3-2-23 档位选择

图 3-2-24 将被测量线路放入电流钳口之中

注意:测量时应该保持电流钳的钳口闭合,导线垂直于钳口中心,否则将测量出不正确的电流。

3)启动被测量装置。

4)如需测量一个变化的电流,应在上一步的基础上按下"INRUSH"(涌流,即测量瞬间电流)键后再启动电流钳。

5)读取电流值,如图 3-2-25 所示。

(3) 新能源汽车高压交流电流的测量方法

以下介绍使用钳形电流表(以 FLUKE 317 为例,如图 3-2-26 所示)测量新能源汽车(以荣威 e50 纯电动汽车为例)驱动电机的 W 线束、V 线束、U 线束高压交流电流的方法,如图 3-2-27 所示。

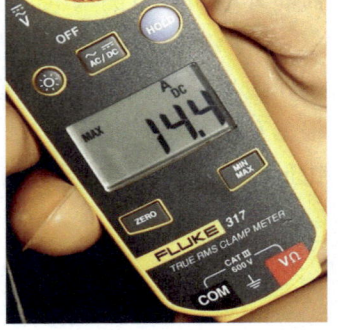

图 3-2-25 读取电流值

警告:测量前请佩戴绝缘手套!高压电流测量为动态测量!如果使用整车,请举升车辆离地 10cm,并做好安全检查!

图 3-2-26 FLUKE 317 钳形电流表

图 3-2-27 驱动电机 W、V、U 线束(荣威 e50)

1)如图 3-2-28 所示,打开钳形电流表,功能旋钮旋至 600A 量程档位,此时电流表默认为直流电流测试模式。

提示： 电流的量程档位根据所测试的部件技术参数选择，荣威 e50 驱动电机相电流峰值为 200A。

2）按下电流表交/直流测试模式（AC/DC）切换按钮切换至交流档，如图 3-2-29 所示。

图 3-2-28 选择电流测试量程档位

图 3-2-29 交/直流测试模式切换至交流档

3）将电流钳悬置驱动电机 W 线束，如图 3-2-30 所示。

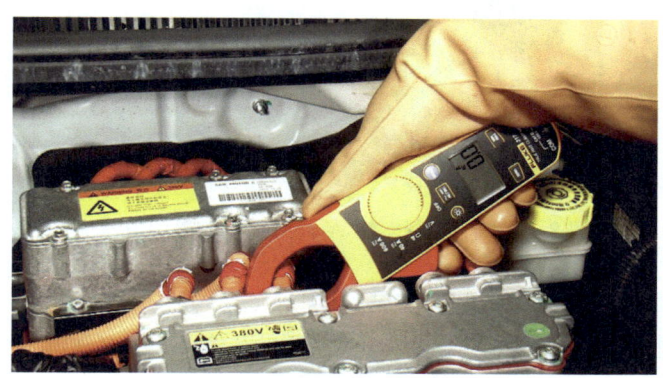

图 3-2-30 将电流钳悬置驱动电机 W 线束

4）启动车辆，踩下加速踏板，读取驱动电机 W 线束电流数值，如图 3-2-31 所示。

5）按下电流表测量数值最小/最大（MIN/MAX）锁定按钮，开启电流表的最大交流电流锁定模式（显示屏显示 MAX 和 AC），如图 3-2-32 所示。

6）再次启动车辆，踩下加速踏板，读取并记录驱动电机 W 线束通过的最大电流数值，如图 3-2-33 所示。

7）采用同样的方法测量驱动电机 V 线束、U 线束的电流数值，并记录。

8）取下并关闭钳形电流表。

图 3-2-31 读取驱动电机 W 线束电流数值

图 3-2-32　开启最大交流电流锁定模式

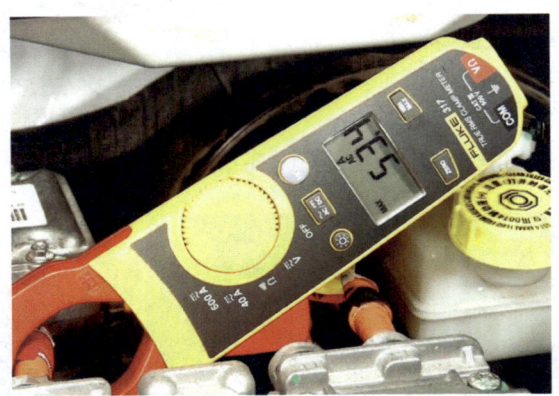

图 3-2-33　读取电机 W 线束通过的最大电流值

（4）新能源汽车高压直流电流的测量方法

以下介绍使用钳形电流表测量新能源汽车（以荣威 e50 纯电动汽车为例）驱动电机控制器 PEB 输入的高压直流电流的方法。

1）按下电流表交 / 直流模式（AC/DC）切换按钮切换至直流档，如图 3-2-34 所示。

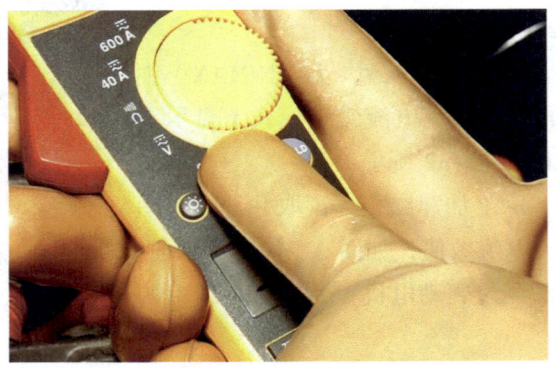

图 3-2-34　电流表切换至直流档

2）将电流钳悬置驱动电机控制器的高压输入线束，如图 3-2-35 所示。

图 3-2-35　将电流钳悬置驱动电机控制器高压输入线束

3）启动车辆，踩下加速踏板，读取驱动电机控制器高压输入线束的电流数值，如图 3-2-36 所示。

图 3-2-36　读取驱动电机控制器高压输入线束的电流数值

4）按下电流表测量数值最小/最大（MIN/MAX）锁定按钮，开启电流表的最大直流电流锁定模式（显示屏显示 MAX 和 DC），如图 3-2-37 所示。

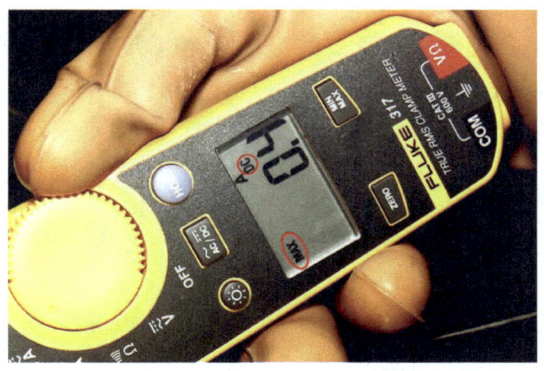

图 3-2-37　开启电流表的最大直流电流锁定模式

5)启动车辆,踩下加速踏板,读取并记录驱动电机控制器高压输入线束通过的最大电流值。如图 3-2-38 所示。

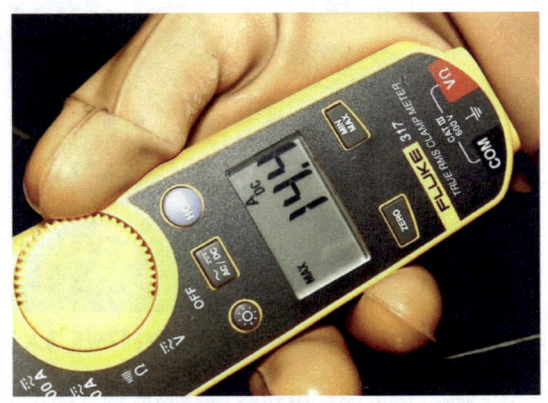

图 3-2-38　读取并记录高压线束通过的最大电流值

6)如果需要测量最小电流数值,则按下电流表测量数值最小/最大(MIN/MAX)锁定按钮,开启电流表的最小直流电流锁定模式(显示屏显示 MIN 和 DC),如图 3-2-39 所示。

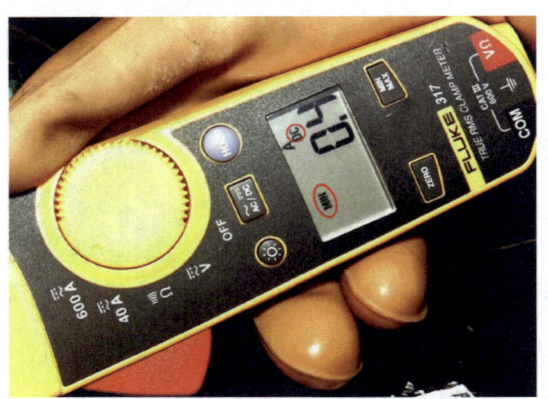

图 3-2-39　开启最小直流电流锁定模式

7)启动车辆,踩下加速踏板,读取并记录驱动电机控制器高压输入线束通过的最小电流值,如图 3-2-40 所示。

8)取下并关闭钳形电流表。

(5)混合动力汽车启动电流和充电电流的测量方法

以下介绍使用钳形电流表测量混合动力电动汽车(以丰田普锐斯混合动力汽车为例)启动电流和充电电流的方法。

1)将钳形电流表夹入 12V 低压蓄电池正极线束,功能旋钮旋至合适的电流量程档位(直流 40A),如图 3-2-41 所示。

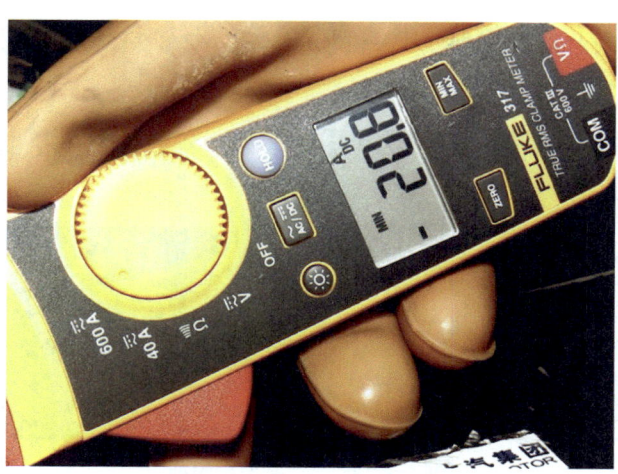

图 3-2-40 读取并记录驱动电机控制器高压输入线束通过的最小电流值

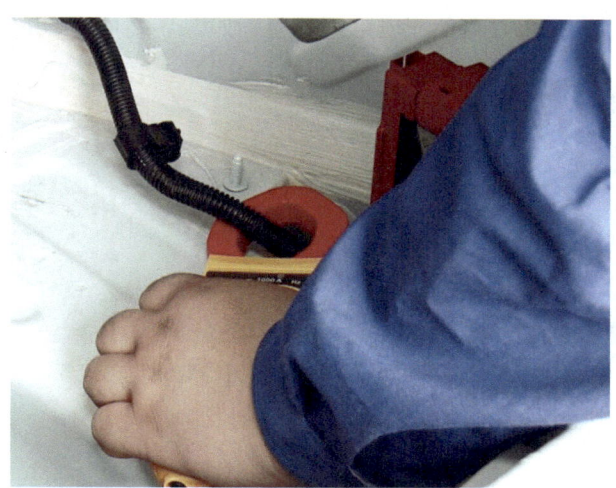

图 3-2-41 将钳形电流表夹入低压蓄电池正极线束

2）踩下制动踏板，启动车辆，如图 3-2-42 所示。

图 3-2-42 踩下制动踏板，启动车辆

3）观察汽车组合仪表能源监视器的显示模式（启动模式），并读取钳形电流表测量的启动电流数值，如图3-2-43所示。

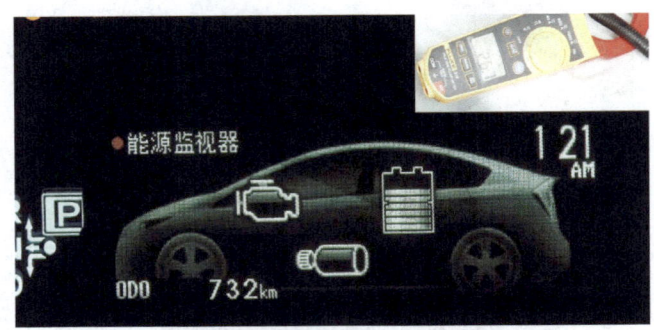

图3-2-43　测量启动电流

4）踩下加速踏板，观察汽车组合仪表能源监视器的显示模式（充电模式），并读取钳形电流表测量的12V低压蓄电池充电电流数值，如图3-2-44所示。

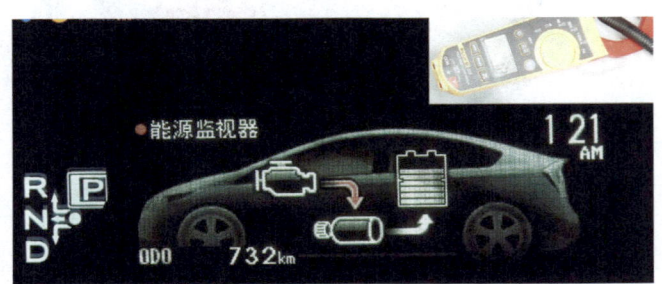

图3-2-44　测量12V低压蓄电池充电电流

任务实施

1. 实施要求

本任务主要学习新能源汽车绝缘拆装工具和检测设备的认识与使用。内容包括：

1）认识新能源汽车维修绝缘拆装工具和检测设备。
2）使用绝缘测试仪测量高压部件绝缘电阻。
3）使用钳形电流表测量高压电流。

测量电机控制器高压线U线的电流

2. 实施准备

1）防护装备：绝缘防护装备。
2）车辆、台架、总成：纯电动汽车、混合动力汽车整车或台架（车型不限）。
3）设备、专用工具：动力电池举升机、绝缘测试仪、钳形电流表。
4）手工工具：绝缘拆装工具、绝缘工具车、绝缘零件车。

3. 实施步骤

（1）认识新能源汽车维修绝缘拆装工具和检测设备

认识动力电池举升机、绝缘拆装工具、绝缘工具车、绝缘零件车等新能源汽车维修工具设备，并讨论与传统汽车的工具设备有什么不同。

记录：_____

_____

（2）使用绝缘测试仪测量高压部件绝缘电阻

参照绝缘测试仪的说明书，进行以下操作：

1）绝缘测试仪的认识：绝缘测试仪接线、端子、档位、测量范围的认识。

记录：_____

_____

2）绝缘测试仪内部电池和熔丝的检查。

电池状况：_____

熔丝状况：_____

3）绝缘电阻的测量。

绝缘手套或高压部件绝缘体的绝缘电阻数值：_____

记录：_____

_____

（3）使用钳形电流表测量高压电流

参照钳形电流表的说明书，进行以下操作：

警告：测量前请佩戴绝缘手套！高压电流测量为动态测量！如果使用整车，请举升车辆离地10cm，并做好安全检查！

1）测试前安全防护。

记录：_____

_____

2）使用钳形电流表测量驱动电机的W线束、V线束、U线束交流电流。

交流电流数值（A）：_____W线束：_____V线束：_____U线束：_____

记录：_____

_____

3）使用钳形电流表测量驱动电机控制器输入高压线束直流电流。

直流电流数值：_____

记录：_____

_____

其他记录：_____

_____

任务考核

一、自我测试

满分： 20分　得分：＿＿＿

1. 判断题（每题1分）

1）动力电池举升机应配套双柱龙门举升机使用。（　）
2）新能源汽车所有的零部件拆装都必须使用绝缘拆装工具。（　）
3）对高压电气系统的绝缘性能检测时需要使用专用的绝缘测试仪器。（　）
4）绝缘测试仪并不是指某一种仪表，而是指一类的仪表。（　）
5）绝缘测试只能在通电的电路上进行。（　）
6）绝缘测试实际上是测量电压。（　）
7）手摇绝缘电阻表是用来测量大电阻和绝缘电阻的检测仪表。（　）
8）钳形电流表测量高压导线中的电流是间接测量。（　）
9）钳形电流表的测量原理是建立在电流互感器工作原理的基础上的。（　）
10）钳形电流表只能检测交流电流。（　）

2. 单选题（每题2分）

1）绝缘拆装工具必须装有耐压（　　）以上的绝缘柄。
　　A. 220V　　　　B. 500V　　　　C. 1000V　　　　D. 10000V
2）以下仪器设备中，是电动汽车维修特有的是（　　）。
　　A. 数字万用表　　B. 绝缘测试仪　　C. 示波器　　D. 故障诊断仪器
3）绝缘测试时，如果电路电源超过（　　），测试被禁止，必须立即关闭电源。
　　A. 12V　　　　B. 24V　　　　C. 30V　　　　D. 50V
4）钳形电流表能测量（　　）电流。
　　A. 交流　　　　B. 直流　　　　C. A和B都是　　　D. A和B都不是
5）使用钳形电流表检测电流时，应注意（　　）。
　　A. 保持电流钳的钳口闭合　　　　B. 导线垂直于钳口中心
　　C. 启动被测量装置　　　　　　　D. 以上都正确

二、教师评价

知识目标：□差　　□合格　　□中　　□良　　□优
技能目标：□差　　□合格　　□中　　□良　　□优
素质目标：□差　　□合格　　□中　　□良　　□优

评语：＿＿

项目四 新能源汽车高压维修车间管理标准

项目描述

新能源（电动）汽车的动力电池及相关的部件具有高电压，因此高压维修车间的场地规划、建设、管理制度、维修作业流程都有严格的标准，避免触电、火灾等事故发生。

本项目包括以下两个任务：

任务一，高压维修车间安全管理；

任务二，高压维修操作标准流程。

通过以上两个任务的学习，你将掌握新能源汽车高压维修车间的安全管理，以及高压维修操作标准流程。

任务一 高压维修车间安全管理

学习目标

知识目标

1. 能够描述新能源汽车维修专用高压车间场地与设施的要求。
2. 能够描述新能源汽车维修人员的要求。

技能目标

1. 能够进行新能源汽车高压维修车间规划。
2. 能够遵守新能源汽车维修人员要求标准。

素质目标

1. 培养良好的职业道德和工匠精神。
2. 培养安全意识和团队协作精神。
3. 培养自我管理和自主学习能力。

新能源汽车 高压安全与防护

任务导入

你所在的维修站需要组建新能源汽车专用的高压维修车间，你的主管要求你规划高压车间场地、制定相关的制度和标准，你能完成这个任务吗？

获取信息

❓ 引导问题一　新能源汽车高压维修车间有哪些要求？

新能源汽车高压维修车间有高电压安全风险，场地设施必须符合安全管理及相关标准。同时，除了普通维修车间的安全要求外，高压维修车间必须制定相关的管理制度，加强安全管理，杜绝触电、火灾等安全事故的发生。

1. 新能源汽车专用维修车间要求

作为高电压车辆的维护与检修，新能源汽车高压维修专用车间有特殊的场地要求和工位要求。

图 4-1-1 是新能源汽车高压维修车间工位示意图。

图 4-1-1　新能源汽车高压维修车间工位示意图

（1）工位数量及面积

高压维修专用车间至少具备 3 个标准工位（7m×4m），至少 1 台双柱龙门举升机。

有的汽车生产厂商要求其新能源汽车售后服务必须具有单独的维修工位，该工位应采用特殊的颜色与其他工位进行区别。

如图 4-1-2 所示，纯电动汽车的动力电池安装在车辆的底部，体积庞大而且沉重，拆装需要采用动力电池举升机，为了方便拆装及动力电池举升机移动，高压维修车间要求采用双柱龙门举升机。

图 4-1-2　动力电池更换场景

（2）采光

高压维修车间的采光应符合国标 GB 50033—2013 的有关规定。

采光设计应注意光的方向性，应避免对工作产生遮挡和不利的阴影。对于需要识别颜色的场所，应采用不改变自然光颜色的采光材料。

明亮的车间可以让车辆维修人员更加清楚地观察到周围的部件及物体，避免因为视线不好意外触碰到高压而发生事故，同时也能够有利于其他人员及时观察到可能存在的隐患。

（3）照明

当天然光线不足时，应配置人工照明，人工照明光源应选择接近天然光色温的光源。高压维修车间的照明要求应符合国标 GB 50034—2013 的有关规定。

（4）干燥

高压维修车间必须保持干燥。场地应避免积水或暴雨时漏雨的情况发生。

保持干燥的要求是为了降低维修人员的触电风险。因为当湿度增加时，人体和空气的绝缘电阻就会增加，在相同的电压下，人体触电的风险也就增加了。

（5）通风

高压维修车间的通风应符合国标 GB 50016—2014 和工业企业通风的有关要求。

车间保持通风有利于在维修车辆期间产生的有害物排出，并在发生触电事故的情况下，通风的环境能够有利于伤者呼吸到更多的氧气。

（6）防火

高压维修车间的防火应符合国标 GB 50016—2014 有关厂房、仓库防火的规定以及国标 GB 50067—2014 的有关规定。

（7）卫生

高压维修车间的卫生应符合国标 GBZ 1—2010、GB/T 12801—2008 的有关要求。

（8）安全标志

高压维修车间的安全标志应符合 GB 2894—2008、GB 2893—2008 的有关要求。

当工位上有高电压车辆进行维修时，要求在工位周围必须布置有明显的警告标识，避免他人未经允许进入高电压工位而发生危险，图 4-1-3 所示为一些企业使用的高压警告标识。

图 4-1-3　高压警告标识

需要特别强调的是，因为高压维修车间需要安装充电桩，如图 4-1-4 所示，电气线路应符合生产用电的要求，确保火线、零线、地线接线良好，电线规格符合要求并没有破损老化等。

图 4-1-4　室内安装的充电桩

2. 新能源汽车维修安全管理制度

1）车辆维修过程中的高压部件必须标有明显的"高压勿动"的警示，并禁止将带有高压电的部件放置在无人看管的环境下。

2）车辆在充电过程中不允许对高压部件进行拆装、维修等工作。

3）未经高压安全培训并取得特种作业操作证（低压电工作业证）的维修技师，不允许对高压部件进行拆装、维修等操作。

4）高压部件拆装、维修前，维修技师必须检查及穿戴个人安全防护装备，并使用绝缘工具进行拆装操作。

图 4-1-5 所示为采用绝缘工具拆卸高压部件的场景。

5）高压部件拆装、维修过程中，维修技师禁止带有手表、金属笔等金属物品在身上。金属物品可能造成维修高压部件时发生短路的意外，如图 4-1-6 所示。

高压电维修注意事项

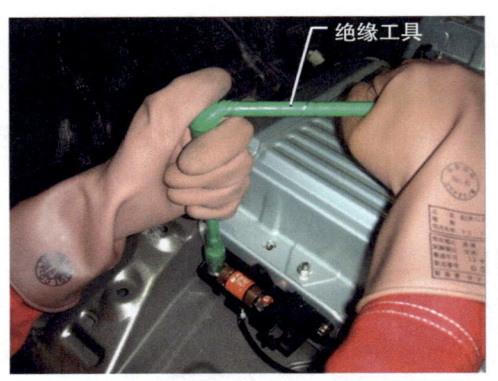

图 4-1-5　采用绝缘工具拆卸高压部件　　　图 4-1-6　金属物品造成高压部件短路

6）高压部件拆卸、维修前必须进行高电压中止操作，即根据车型切断低压电源和拆卸高压维修开关，并检验确认相关部件没有高压电。

7）进行车身焊接前应清理周围易燃物品，做好车身的保护，预防飞溅及着火，并严格按照焊接及钣金维修工艺进行操作。

8）维修完毕后上电前，确认车辆无人操作。

9）更换高压部件后，高压电缆接口必须按照标准力矩拧紧，并测量线路绝缘性能正常。

10）在执行车辆维修期间，必须同时有两名持有上岗证的维修技师进行工作，其中一名维修技师作为工作的监护人，监督维修的全过程。如果发生触电事故时，监护人应该立即采取有效措施执行急救。

11）如果发生火灾，不要惊慌，要及时采取正确的方法来灭火。首先要切断电源，所有人员立即离开车辆并站在远离车辆的上风位置。在采取救火措施的同时立刻报警（电话：119、110）。

12）每天检查车间的灭火器是否在固定的位置，是否在有效期内。要充分了解灭火器及消防栓等消防设备的性质和正确使用方法。

图4-1-7所示为高压维修工位上的安全警示标识布置要求。

图4-1-7　高压维修工位上的安全警示标识布置要求

引导问题二　新能源汽车高压维修人员有哪些要求？

1. 新能源汽车维修人员要求

新能源汽车（电动汽车）维修操作人员必须持证上岗，并经过培训，才能进行操作。

维修操作人员（维修技师）要求如下：

1）经过培训、考核并取得安监部门（应急管理部）颁发的特种作业操作证。

2）经过电动汽车结构原理与维修技术培训，并通过考核。

3）电动汽车维修必须由两名持证的维修人员同时进行，其中一名人员作为维修监护人员。

图 4-1-8 所示是特种作业操作证（低压电工作业证）样例。

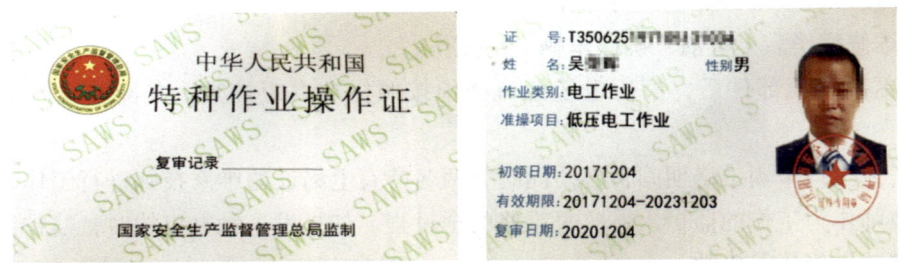

图 4-1-8　特种作业操作证（低压电工作业证）

2. 新能源汽车维修人员岗位职责

（1）维修监护人员和维修操作人员岗位职责
维修监护人和维修操作人员的岗位职责如下：

1）监护人员：引导车辆进入专用维修工位。
2）操作人员：在维修工位设置高压警告标识。
3）监护人员：监督并协调具有维修资质的人员维修车辆。
4）操作人员：检查个人安全防护装备，按正确要求穿戴。
5）监护人员：监督维修操作人员规范操作流程。
6）操作人员：需要维修高电压系统前，必须先执行高压中止与检验。

（2）维修监护人员监护内容
电动汽车维修监护人员的技术技能等级应高于操作人员，具有丰富的实际工作经验并熟悉现场及设备情况，其监护内容如下：

1）进行高电压切断时，监护所有操作人员的活动范围，使其与带电设备保持规定的安全距离。

2）带电作业时，监护所有操作人员的活动范围，使其与高压部件保持规定的安全距离。

3）监护所有操作人员的工具使用是否正确，工作位置是否安全，以及操作方法是否正确等。

4）工作中监护人员因故离开工作现场时，必须另指派了解有关安全措施的人员接替监护并告知操作人员，使监护工作不致间断。

5）监护人员发现操作人员中有不正确的动作或违反规程的行为时，应及时提出纠正，必要时可令其停止工作，并立即上报。

6）所有操作人员不准单独留在维修保养中的专用工位区域内，以免发生意外触电或电弧灼伤。

7）监护人员应自始至终不间断地进行监护，在执行监护时，不应兼做其他工作。但在动力电池与新能源汽车断开的情况下监护人可参加班组的工作。

8）其他新能源汽车维修安全监督工作。

图4-1-9是电动汽车维修监护示意图。

图 4-1-9　电动汽车维修监护示意图

任务实施

1. 实施要求

本任务主要学习新能源汽车维修车间规划、检查，以及维修人员的要求。内容包括：

1）新能源汽车高压维修车间检查或规划。

2）学习并遵守新能源汽车维修人员要求标准。

2. 实施准备

1）防护装备：绝缘防护装备。

2）车辆、台架、总成：无。

3）设备、专用工具：无。

4）手工工具：无。

5）辅助材料：高压维修车间安全管理相关制度。

6）其他：高压维修专业车间或实训室。

3. 实施步骤

（1）新能源汽车高压维修车间检查或规划

参观新能源汽车高压维修专业车间或实训室，并结合所学习的内容进行如下检查：

1）场地（工位）：检查工作场地是否符合要求。

工位：_____

2）车辆、充电桩、其他（高压总成和部件）：检查车辆、充电桩配置是否符合要求。

车辆：_____

充电桩：_____

其他：_____

3）设备及工具：检查防护装备、设备及工具配置是否符合要求。

防护装备：_____

设备及工具：_____

4）新能源汽车维修车间的安全制度：检查是否悬挂相关的安全管理制度。

安全管理制度：_____

操作流程（规范）：_____

5）总结：如果你负责规划新能源汽车高压维修车间，你需要准备哪些资料。

记录：_____
_____

（2）学习并遵守新能源汽车维修人员要求标准

学习新能源汽车维修人员要求，并讨论如果你承担监护人员或维修操作人员，你能否胜任？如果不能胜任，还需要具备哪些条件？

维修操作人员：_____

监护人员：_____

任务考核

一、自我测试　　　　　　　　　　　　　　满分：__20分__　得分：_____

1. 判断题（每题 1 分）

1）新能源汽车高压维修车间场地设施必须符合安全管理及相关标准。（　　）
2）高压维修专用车间的标准工位规格没有特殊要求。（　　）
3）新能源汽车售后维修工位应采用特殊的颜色与其他工位进行区别。（　　）
4）高压维修车间的要求在工位周围必须布置有明显的警告标识。（　　）
5）为了充电安全，高压维修车间不允许安装充电桩。（　　）
6）车辆在充电过程中不允许对高压部件进行拆装、维修等工作。（　　）
7）电动汽车维修操作人员的技术技能等级应高于监护人员。（　　）
8）电动汽车维修技师禁止带有手表、金属笔等金属物品在身上。（　　）
9）电动汽车维修监护人员应监督并协调具有维修资质的人员维修车辆。（　　）
10）维修监护人员不允许参与施工操作。（　　）

2. 单选题（每题 2 分）

1）高压维修专用车间配置的举升机为（　　）。
　　A. 小剪举升机　　　　　　　　　B. 大剪举升机
　　C. 双柱龙门举升机　　　　　　　D. 只要是双柱举升机即可

2）以下属于对新能源汽车维修车间要求的是（　　）。
A. 采光、照明　　B. 干燥、通风　　C. 防火、卫生　　D. 以上都是

3）电动汽车维修人员应取的应急管理部门颁发的（　　）。
A. 特种作业操作证（高压电工作业）　　B. 特种作业操作证（低压电工作业）
C. 高级维修技师技能等级证　　　　　　D. 汽车维修上岗证

4）以下属于电动汽车维修操作人员工作内容的是（　　）。
A. 在维修工位设置高压警告标识
B. 检查并按正确要求穿戴个人安全防护装备
C. 执行高压中止与检验
D. 以上都是

5）以下不属于电动汽车维修监护人员监护内容的是（　　）。
A. 进行高电压切断时，监护所有操作人员的活动范围
B. 及时提出纠正操作人员的违规行为
C. 任何情况下不允许参与施工操作
D. 因故离开工作现场时，必须另指派了解有关安全措施的人员接替监护

二、教师评价

知识目标：□差　　□合格　　□中　　□良　　□优
技能目标：□差　　□合格　　□中　　□良　　□优
素质目标：□差　　□合格　　□中　　□良　　□优

评语：_____
_____
_____
_____

任务二　高压维修操作标准流程

学习目标

知识目标

1. 能够描述新能源汽车维修流程图。
2. 能够描述新能源汽车典型的操作标准流程。

新能源汽车高压安全与防护

技能目标

能够解读并根据高压维修操作标准流程操作。

素质目标

1. 培养良好的职业道德和工匠精神。
2. 培养安全意识和团队协作精神。
3. 培养自我管理和自主学习能力。

任务导入

你知道新能源汽车（电动汽车）维修需要遵守哪些操作标准流程吗？

获取信息

引导问题一　新能源汽车维护与检修一定要做高压安全防护吗？

1. 新能源汽车维修流程及说明

新能源汽车维修操作并不一定都涉及高压。图4-2-1所示为根据新能源汽车常规维护与检修（不涉及高压电，由维护技师操作）、高压系统维修（运行时有高压电，由维修技师操作）、动力电池系统（一直有高压电，由高级维修技师操作）三个级别制定的

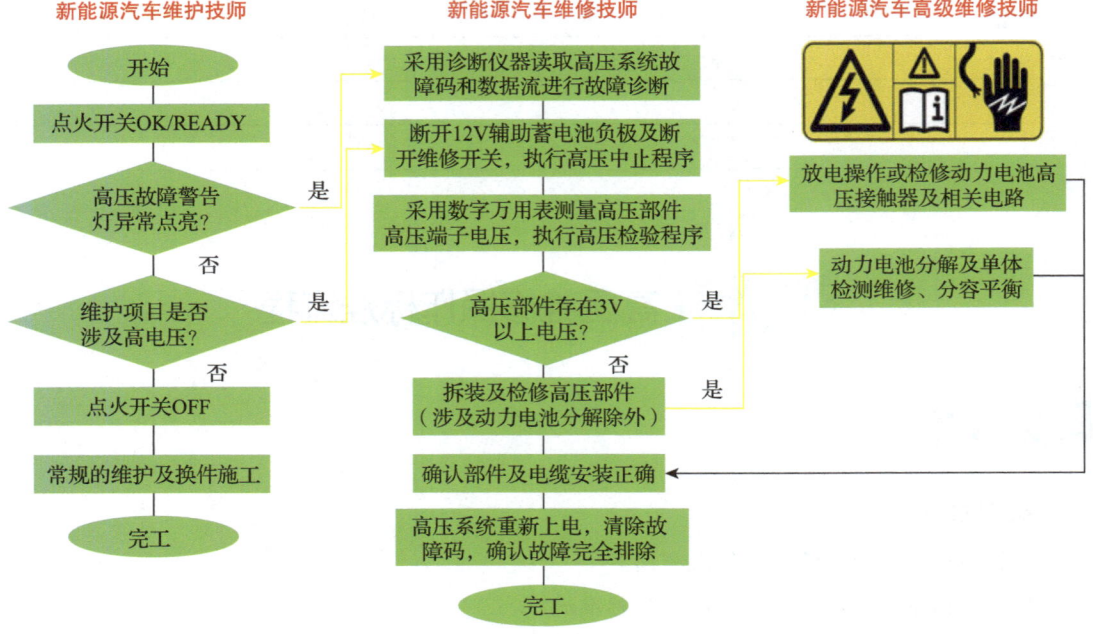

图 4-2-1　新能源汽车维修流程

操作流程，供实际作业参考。

（1）常规维护与检修操作

进行新能源汽车常规的维护与检修操作时，如制动系统维护与检修（检测和更换非高压部件），由于不涉及高电压，只需要常规的安全防护（普通劳动保护）即可，不需要特殊的高压安全防护。但是，操作前必须先检查高压系统是否正常，流程说明如下：

1）打开点火开关到 ON 位置，观察组合仪表的绿色 OK/READY 指示灯以及高压系统相关的警告灯是否点亮。

图 4-2-2 所示为纯电动汽车组合仪表，图中绿色 READY（有些车型为 OK）点亮说明系统正常，红色动力系统相关的故障警告灯点亮说明高压系统存在故障。

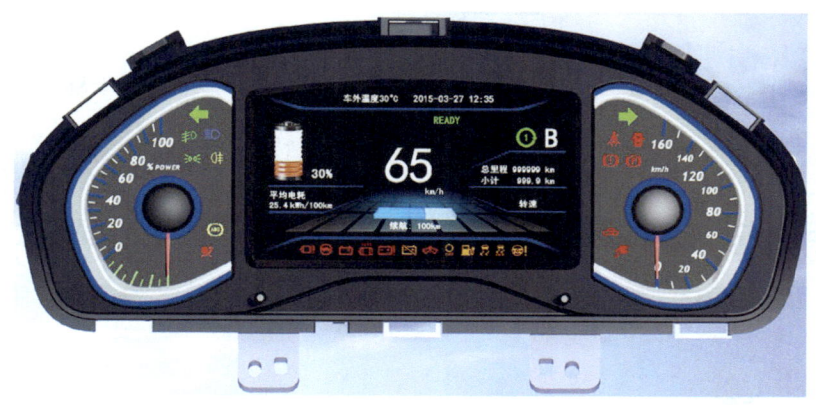

图 4-2-2　纯电动汽车组合仪表

2）如果只有绿色 OK/READY 指示灯点亮，本次操作也不涉及高压部件，则根据传统车型的操作方法执行。

3）如果高压系统相关的指示灯点亮，或者本次操作需要更换高压部件，则根据"高压系统维修"执行。

（2）高压系统维修

如果组合仪表红色动力系统相关的故障警告灯点亮说明高压系统存在故障，必须使用故障诊断仪器进行故障码和数据流诊断。

维修中需要拆装涉及高压的部件，如驱动电机控制器、DC/DC 变换器、高压控制盒 BDU 等部件时，必须执行高压中止与检验程序！

（3）动力电池系统维修

如果维修中需要分解动力电池，或检修高压接触器及相关电路，由于一直存在高电压，必须由经过专业培训并且具有操作资质证书的维修技术人员进行。

2. 高压维修作业安全防护规定

涉及高压系统维修作业时必须遵守以下安全防护规定。

（1）应使用个人防护装备

1）应向维修人员提供合适的个人安全防护装备，以便在涉及高压系统的工作场所进行作业。

2）所提供的个人安全防护装备必须符合安全标准。

（2）高压维修应遵循五条安全规定

1）断开高压电路。

2）防止重新接通高压电路。

3）确定维修部件处于无电压状态。

4）检查是否接地和短路。

5）遮盖或阻隔相邻的带电部件。

（3）应遵循维修场地的要求

为避免发生危险或造成损坏，车辆的停放位置必须干净、干燥、无油脂，且不会接触到飞溅的火星，要避免与车辆清洁和其他车辆维修工位过近。

❓ 引导问题二　新能源汽车维护与检修有哪些操作标准流程和注意事项？

以下介绍新能源汽车维护与检修需要注意的事项及操作标准，具体请参照相关车型的维修手册。

1. 充电注意事项

对于需要充电的纯电动汽车和插电式混合动力汽车，如图4-2-3所示，对车辆充电时必须注意以下注意事项：

1）在充电的操作过程中，不允许无关的人员接触操作人员、车辆和充电桩。

2）充电前，需检查充电枪、车辆充电口及导线状态是否良好。

图4-2-3　电动汽车充电的情形

3）先将充电枪与车辆充电插座（充电口）连接，再对充电桩进行充电设置操作。

4）充电结束后，先关闭充电桩电源，然后将充电枪与车辆充电口分离，并将车辆充电口盖盖好。

5）当充电桩出现故障时，如果确认不是供电电源及车辆充电系统的原因，应立即通过相关专业人员进行解决，不可任意处置。

6）在雨天室外充电时，充电枪插拔过程中要注意对充电连接部位（充电口）遮雨防护。如果遇到雷雨等极端天气，建议停止充电。

7）充电过程中，只要充电枪与充电口连接，车辆的控制系统会切断高压输出电源，也不允许进行启动车辆等操作。

8）充电时，充电设备的内部可能会产生火花，请不要在加油站、有易燃气体或液体的地方进行充电。

2. 充电操作标准流程

提示： 充电时间会受到外界温度影响。温度越低，所需要的充电时间越长。充电模式（快充和慢充）的选择，以及动力电池的容量和老化程度也会影响充电时间。

充电系统分快充（直流）与慢充（交流）两种类型，对用户来说主要区别在于充电时间长短和车辆充电口的位置不同。慢充一般可使用家用交流电充电，快充则由市政管理部门指定的公司运营。使用车载充电枪（器）进行慢充充电操作的流程如下：

1）充电时，先关闭车辆点火开关，并拔出钥匙。

2）选择220V/16A交流电源，有可靠接地的三孔插座（火线、零线、地线）。

3）找到车辆充电口位置和开启开关，开启充电口，如图4-2-4所示（以比亚迪为例，具体车型请参照车型用户手册操作）。

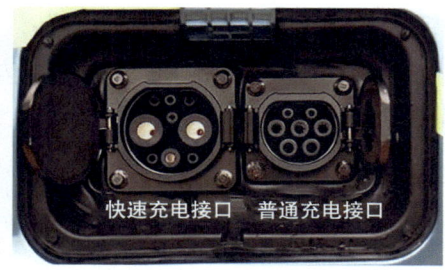

图4-2-4　找到并开启车辆充电口

4）从行李舱的随车工具箱中取出充电枪，并连接到慢充充电口上，如图4-2-5所示。慢充口（7针）和快充口（9针）端子规格不同，并且与充电枪对应，不必担心插错充电口。

图4-2-5　连接充电枪与充电口

5）将充电枪的充电插头端接入家用电源插头（220V/16A）。

6)当电源连接完成后,仪表上红色充电连接指示灯会点亮,有的车型仪表显示屏则显示充电相关的文字信息,如图 4-2-6 所示。

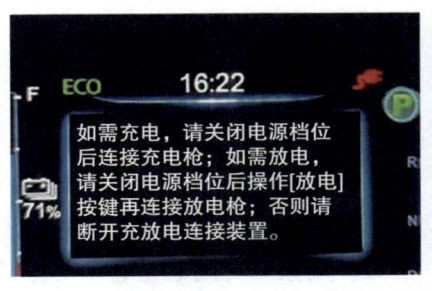 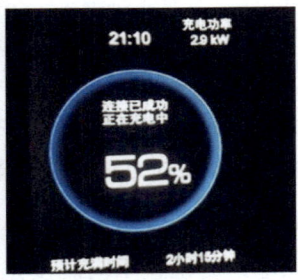

图 4-2-6　充电连接指示灯及信息

7)在充电过程中,仪表会显示充电的进度(充电比例及剩余时间)。

8)充电完成时,先拔出充电电源插头,再断开充电枪与车辆充电口的连接。

9)将车辆充电口盖合上盖好。

10)将充电枪放回行李舱,充电完成。

3. 车辆维护标准

对于包括新能源汽车在内的所有车辆,能够安全、可靠行驶以及良好的性能发挥,一定程度上取决于对车辆进行正确的维护保养。新能源汽车维护保养要求如下。

(1)车辆保养周期

提示:不同车型保养周期有所区别,请参照用户手册进行。

一般情况下,新车首次保养 3000km 或 3 个月,以后每隔 5000km 或 6 个月保养。保养里程和时间以先到为准。

(2)更换制动液

不管车辆行驶多少里程,每 2 年应当更换一次制动液。制动液的型号规格要求与传统车辆一致,请参照制动液盖上的信息或用户手册。

(3)更换冷却液

每 3 年或 80000km 应更换一次冷却液。冷却液应采用厂家要求的预混合去离子水,避免泄漏时影响车辆绝缘性能。

(4)低压 12V 蓄电池维护

1)不要在车辆熄火的状态下,长时间使用车载电器,否则可能造成蓄电池严重亏电,导致车辆无法启动。

2)车辆长时间停放时,会导致蓄电池放电,因此建议断开蓄电池负极电缆。连接或断开车辆蓄电池负极电缆之前,确保点火开关已关闭。

3)需要更换蓄电池时,仅限安装与原蓄电池同样类型和规格的蓄电池。更换后的蓄电池，不可随意丢弃，对环境有害，须由专业机构回收处理。

4. 动力电池的使用注意事项

1）动力电池总成一般的工作温度为 –20~45℃。环境温度过低或过高都会影响动力电池的性能和使用寿命。

2）为避免高压系统绝缘性能过低造成短路，车辆需要保持干燥，避免长时间在潮湿环境下停放，例如积水的停车场所等。

3）尽量采用车载充电器（交流慢充）对车辆进行充电。应避免动力电池频繁使用快充充电，因为快充（直流）充电对动力电池寿命影响较大，快充次数每周不应超过 2 次。

4）长时间不使用车辆时，应每个月使用车辆一次并对车辆进行均衡充电，即慢充 8h 左右，以保证动力电池使用寿命。

如果明确长时间不使用（超过 3 个月）车辆时，确保动力电池电量在 50% 左右进行存放。不允许车辆在动力电池电量低（仪表上电量显示 1 格位置）的情况下停放超过 7 天。

动力电池管理系统（BMS）会监控动力电池状态。当检测到一段时间内，动力电池没有进行过均衡充电记录时，娱乐系统显示屏上会出现警告信息，必须对其进行慢充充电。

5）动力电池位于底盘位置，刮擦、碰撞后动力电池容易受损，因此车辆在非正常路面行驶后，需及时检查动力电池是否有变形、外壳裂纹等情况。

6）如果由于发生事故造成车身严重受损，需要修复或喷漆时，为避免动力电池人为损坏或起火，必须在拆卸动力电池之后才能进行相关作业。

5. 电驱动系统维修的注意事项

（1）高压系统维修的注意事项

1）操作前注意事项。高压系统中有交流和直流两种高压电，为了避免人身伤害，禁止触碰高压导线及其插接器（图 4-2-7）。禁止非专业维修人员随意接触、拆解或安装高压系统中的任何部件。禁止未经培训的人员接触或操作动力电池上的手动维修开关。

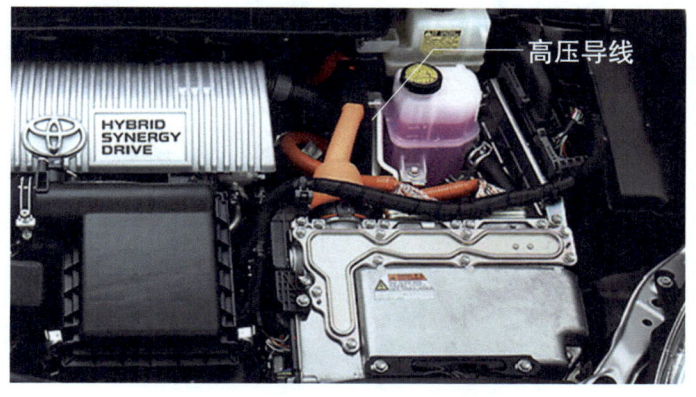

图 4-2-7　禁止触碰高压导线

2）高压插接器端子处理注意事项。如图4-2-8所示，拆下高压导线插接器时，应采用绝缘胶带包裹高压插接器和端子，确保其绝缘。

3）高压插接器安装螺母紧固注意事项。如图4-2-9所示，安装高压导线插接器时，必须按规定力矩紧固。为了避免高压导线安装不可靠，汽车生产厂家规定不能使用旧的特别是已经损坏的螺母安装高压导线插接器，否则无法保证规定的安装力矩。

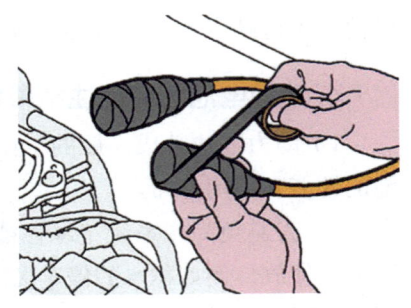

图4-2-8　包裹高压导线端子

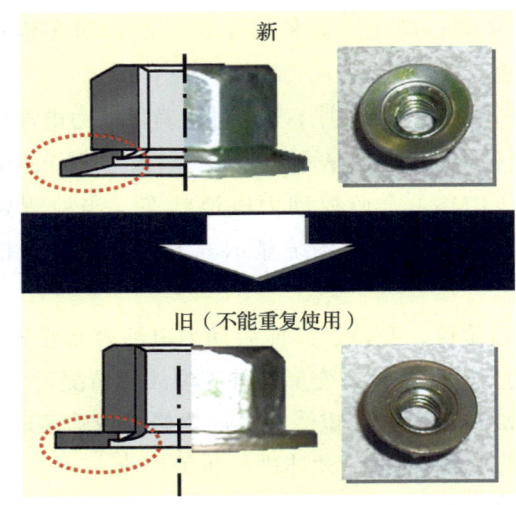

图4-2-9　不能重复使用旧的高压导线插接器螺母

4）拆卸冷却液软管和其他相关维修操作时注意事项。如图4-2-10所示，在拆卸冷却液软管和其他相关维修操作时，如果高压部件连接部件被冷却液等异物污染时，应彻底清洁。

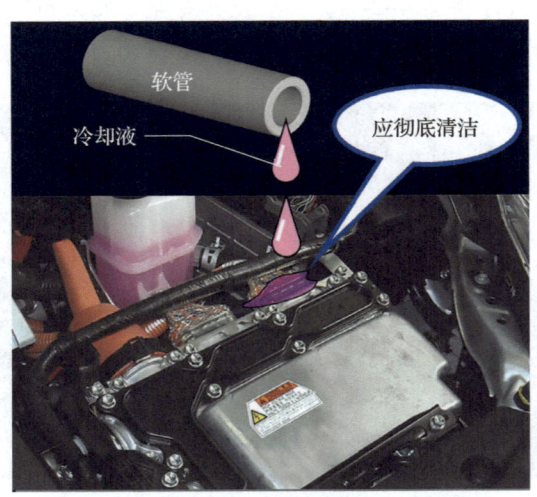

图4-2-10　清洁被冷却液污染的高压部件

5）维修完成启动车辆前注意事项。如图 4-2-11 所示，高压系统维修后，在重新安装手动维修开关（服务插销）前，应再次检查高电压部件的插接器连接正确并稳固安装，车内没有遗留工具和零件。

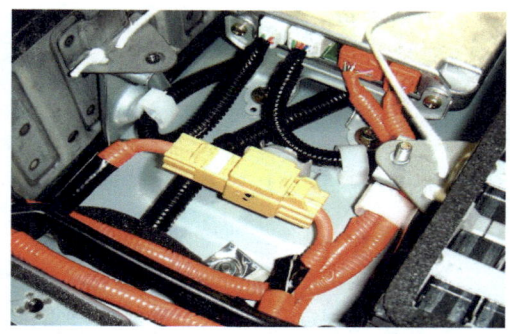

图 4-2-11　维修后检查

如图 4-2-12 所示，启动车辆前，应确保手动维修开关（服务插销）已经正确安装，否则启动时可能导致车辆发生故障。

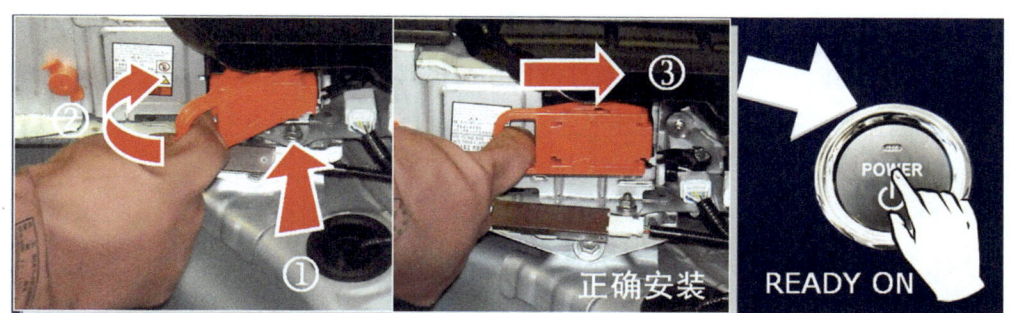

图 4-2-12　启动车辆前确保维修开关正确安装

（2）发生事故时的注意事项

1）如果发生火灾，应立刻离开车辆并用 ABC 干粉灭火器及其他符合要求的灭火设备灭火，或用大量的水灭火。

2）如果车辆发生严重碰撞，不允许再次启动车辆，并且在施救时先将手动维修开关断开。

3）当车辆全部或部分浸没在水中时，关闭车辆并及时逃离。

4）如果车上电线裸露或破损，禁止触碰任何电线，以防触电。

任务实施

1. 实施要求

本任务主要学习新能源汽车高压维修操作标准流程，内容包括：

1）高压维修操作标准流程的解读。
2）遵守高压维修操作标准流程。

2. 实施准备
1）防护装备：绝缘防护装备。
2）车辆、台架、总成：无。
3）设备、专用工具：无。
4）手工工具：无。
5）辅助材料：高压维修标准操作流程。

3. 实施步骤
（1）高压维修操作标准流程的解读
学习新能源汽车维修流程图，并进行讨论。
1）常规维护与检修操作：讨论常规维护与检修操作的要求。
记录：_____
_____
_____

2）高压系统维修：讨论高压系统维修操作的要求。
记录：_____
_____
_____

3）动力电池系统维修：讨论动力电池系统维修操作的要求。
记录：_____
_____
_____

4）总结：根据你现在的技能水平，你能胜任以上所有项目的操作，如果不能，你还需要学习哪些知识和技能？
记录：_____
_____
_____

（2）遵守高压维修操作标准流程
学习新能源汽车维护与检修需要注意的事项及操作标准，你是否完全理解这些要求，并讨论你能否遵守？
记录：_____
_____

任务考核

一、自我测试   满分：__20分__ 得分：_____

1. 判断题（每题1分）

1）新能源汽车不涉及高电压的维修，只需要常规的操作安全防护即可。（   ）
2）新能源汽车操作前必须先检查高压系统是否正常。（   ）
3）仪表中绿色READY灯点亮说明高压系统存在故障。（   ）
4）检修高压接触器及相关电路，必须由具有资质的专业维修技术人员进行。（   ）
5）不允许使用家用交流电对电动汽车充电。（   ）
6）充电前，需检查充电枪、车辆充电口及导线状态是否良好。（   ）
7）新能源汽车无需进行保养。（   ）
8）车辆长时间停放时，应断开低压蓄电池负极电缆。（   ）
9）不允许在动力电池电量低的情况下长期停放车辆。（   ）
10）如果车辆发生严重碰撞，应启动车辆测试是否正常。（   ）

2. 单选题（每题2分）

1）对电动汽车以下哪个系统的拆装，不需要做高压安全防护（   ）。
　　A. 驱动电机控制器
　　B. 制动系统
　　C. DC/DC变换器
　　D. 高压控制盒BDU

2）对电动汽车以下操作，触电危险性最大的是（   ）。
　　A. 直流快充操作
　　B. 更换驱动电机控制器
　　C. 分解动力电池
　　D. 故障码诊断

3）涉及高压系统维修作业时必须遵守以下安全防护规定（   ）。
　　A. 穿戴个人安全防护装备
　　B. 断开高压电路
　　C. 遮盖或阻隔相邻的带电部件
　　D. 以上都是

4）充电结束后，应先（   ）。
　　A. 关闭充电桩电源
　　B. 将充电枪与车辆充电口分离
　　C. 关闭点火开关
　　D. 启动车辆测试

5）以下不属于对动力电池使用要求的是（　　）。

　　A. 避免动力电池频繁使用快充充电

　　B. 长时间不使用车辆时，应每个月使用车辆一次并对车辆进行均衡充电

　　C. 尽量避免急加速和急减速

　　D. 车辆大事故进行车身维修，拆卸动力电池之后才能进行相关作业

二、教师评价

知识目标：□差　　□合格　　□中　　□良　　□优

技能目标：□差　　□合格　　□中　　□良　　□优

素质目标：□差　　□合格　　□中　　□良　　□优

评语：_____

_____

_____

项目五 新能源汽车故障检修安全操作与应急处理

项目描述

新能源（电动）汽车具有高电压，因此维修时需要进行高压中止与检验，切断并确认高压部件没有高压电存在。同时，新能源汽车发生交通事故及抛锚故障时，应急处理与传统燃油车辆有所区别。

本项目包括以下两个任务：

任务一，高压中止与检验；

任务二，新能源汽车故障应急处理。

通过以上两个任务的学习，你将掌握新能源汽车维修高压中止与检验，以及事故救援、抛锚故障应急处理方法。

任务一 高压中止与检验

学习目标

知识目标

1. 能够描述新能源汽车高压中止与检验的方法。
2. 能够描述典型的电动汽车高压中止与检验。

技能目标

1. 能够进行装备维修开关车型的高压中止与检验。
2. 能够进行没有装备维修开关车型的高压中止与检验。

素质目标

1. 培养良好的职业道德和工匠精神。
2. 培养安全意识和团队协作精神。
3. 培养自我管理和自主学习能力。

新能源汽车 高压安全与防护

任务导入

你的主管安排你更换一辆纯电动汽车驱动电机控制器,按照标准操作流程需要进行高压中止与检验,确认高压电已经切断再进行拆装,你能完成这个任务吗?

获取信息

❓ 引导问题一　如何进行新能源汽车的高压中止与检验?

1. 需要进行高压中止与检验的前提

在维修带有高电压的新能源汽车(电动汽车)前,务必执行高压的中止与检验操作,确认动力电池不再对外输出高压电,避免因意外高压触电!

在进行新能源汽车以下操作时,要求进行高压中止与检验:

1)保养或维修车辆高电压系统。
2)进行救援或事故修复工作。
3)其他可能接触到高电压,但不需要运行高压系统的操作。

2. 高压中止与检验步骤

高电压系统的中止与检验操作步骤分为以下两个部分:高电压的中止,切断高电压;高电压的检验,确认操作的部件没有高电压。

(1)高压中止步骤

高压中止主要是通过正确的操作步骤来切断车辆高压系统。正常情况下,执行高压中止后,车辆除了动力电池外,其他部件应该都不具有高电压。

高压中止的程序如下:

1)将车辆变速杆切换到 P 位。
2)确保车辆驻车制动工作可靠。
3)关闭点火开关。对于使用一键启动按钮的车型(图 5-1-1),把遥控钥匙拿到离车至少 5m 远的地方,再次启动车辆以确认车辆没有钥匙且无法启动,防止汽车意外被启动。

 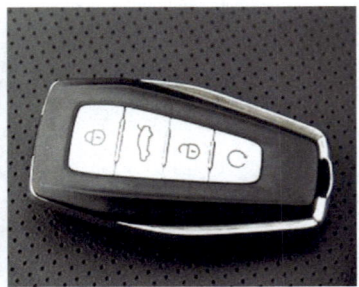

图 5-1-1　一键式启动按钮和遥控钥匙

4)断开辅助蓄电池负极端子。断开电池的负极端子接地线(电缆),并用绝缘胶带固定接地线,以防止端子移动接地线回电池负极桩头,如图5-1-2所示。

5)戴上绝缘手套,拆下维修开关。如图5-1-3所示,找到手动维修开关并拆下。拆卸时确保戴着绝缘橡胶手套,将拆下的维修开关放在自己的口袋中或妥善存放,以防止其他人将它安装回车上,并将裸露的维修开关槽用绝缘胶带封住。

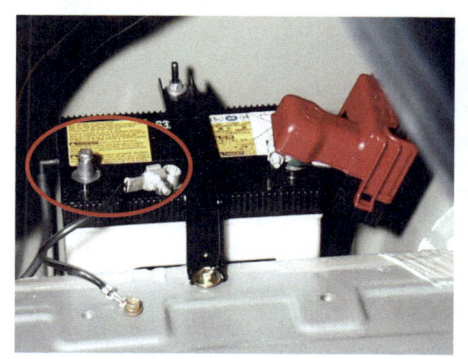
图5-1-2 断开辅助蓄电池负极端子并固定

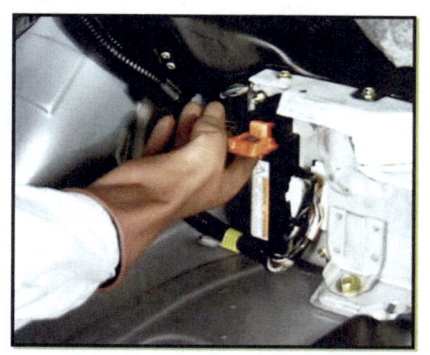
图5-1-3 拆下手动维修开关

电动汽车通常在动力电池附近都会设计一个串联在输出电路上的手动维修开关,用于人工"物理性"切断整个动力电池的回路。手动维修开关设计有特殊锁止机构,避免人为意外触发或者行驶中因为振动等因素断开。拆卸和安装时应遵守规定的流程和技巧,维修开关的拆卸和安装流程如图5-1-4所示。

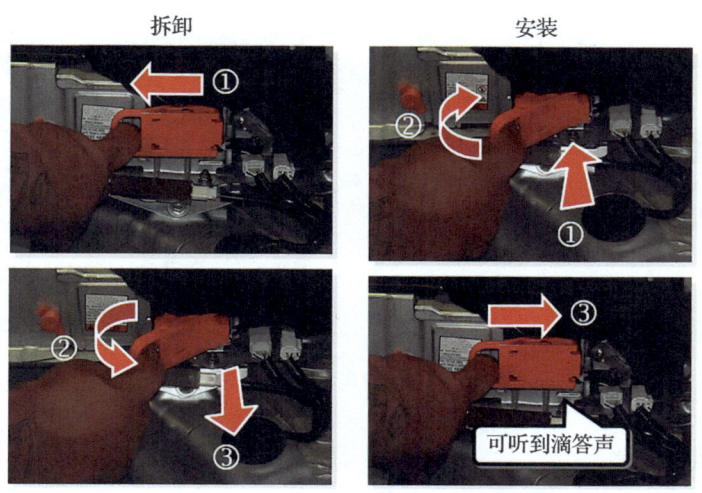
图5-1-4 维修开关拆卸和安装流程

需要特别说明的是,并不是所有电动汽车都装备有维修开关,如果相关车型没有装备维修开关(请参照维修手册确认),除了拆卸低压蓄电池负极桩头外,还应拆卸某一高压部件的互锁开关(如需拆卸高压导线连接器,务必戴上绝缘手套)。图5-1-5所示为带低压互锁开关的高压导线插接器。

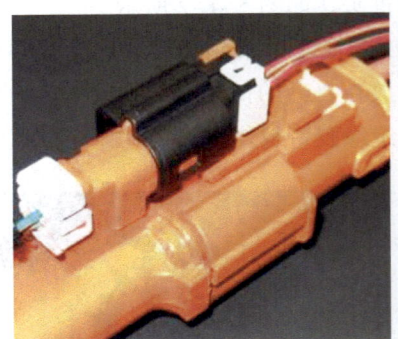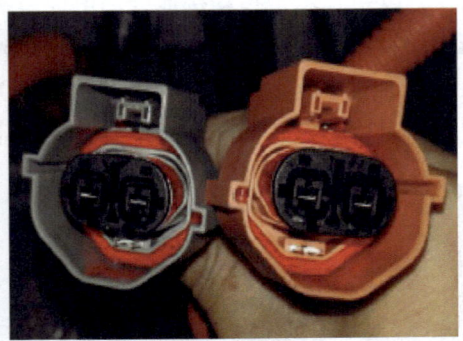

图 5-1-5　带低压互锁开关的高压导线插接器

6）等待 5~10min。高压部件通常安装有电容器，能保持一段时间的高电压。拆下维修开关后，必须要等待 5~10min 或更长时间，使得高压部件中的电容器进行放电，才可以继续对车辆进行高压检验操作，如图 5-1-6 所示。

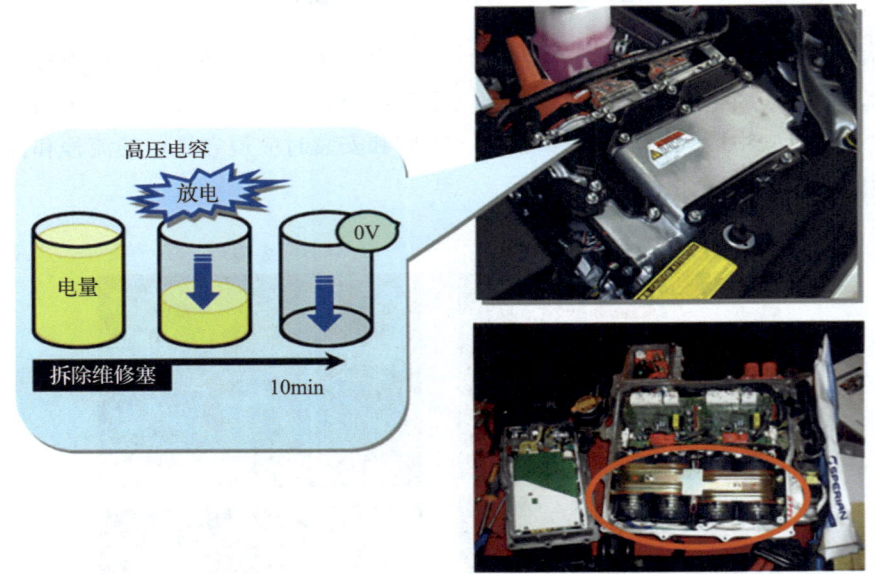

图 5-1-6　等待高压电容放电完成

（2）高压检验步骤

高压检验是利用万用表再次确认高压中止以后需要维修的部件上确实已不再有高电压。

警告：在检验高电压端子期间，必须佩戴好个人安全防护设备！

以拆卸驱动电机控制器（逆变器）为例，检验步骤如下：

1）断开逆变器与动力电池之间的高压插接器，并使用数字万用表（绝缘等级大于1000V）测量插接器各个高压端子电压均为0V（量程：超过动力电池额定电压），如图5-1-7所示。

图 5-1-7　测量逆变器端子电压

提示：使用万用表测量高电压部件插接器的各个高压端子，在执行高压中止以后，每个端子对车身的电压至少应该小于3V，且端子正负极之间的电压也应该小于3V。

如果任一被测量的电压超过3V，说明系统内部存在高压粘连情况，需要有经过特殊培训的工程师来进行处理。

2）维修完成后，按拆卸相反顺序装回维修开关，并测试车辆是否正常。

❓ 引导问题二　不同车型高压中止与检验步骤是一样的吗？

不同新能源汽车的高压中止与检验步骤基本一致。以下介绍几种常见车型高压中止与检验的步骤，详细步骤可以参照上文内容或厂家维修手册及相关的技术资料。

1. 混合动力汽车高压中止与检验

以丰田混合动力汽车为例，介绍混合动力汽车高压中止与检验步骤。

1）将电源开关转到OFF，并将钥匙带离车辆内部检测区域（智能进入和启动系统），确认车辆无法启动（图5-1-8）。

2）断开辅助电池的负极端子。

3）检查绝缘手套，确认没有破裂、漏气、潮湿或其他损坏。

图 5-1-8　确认车辆无法启动

4）戴上绝缘手套，拆卸手动维修开关（丰田公司称之为服务插销或维修塞）。维修开关拆卸如图5-1-9所示，安装则按照相反步骤进行。

106 | 新能源汽车 高压安全与防护

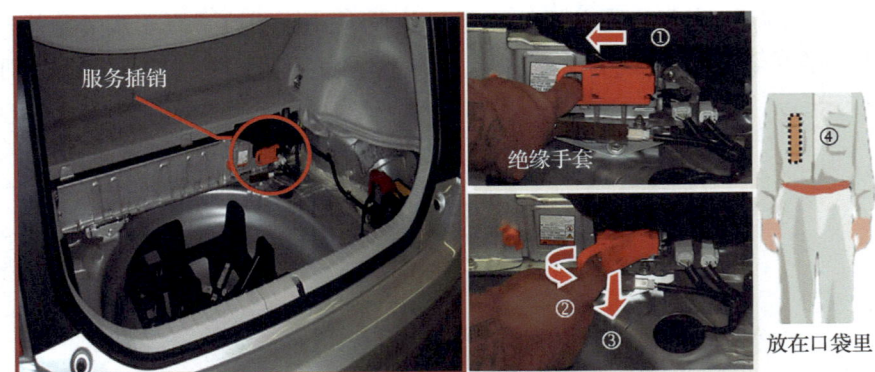

图 5-1-9　维修开关的拆卸步骤

提示：如果因为车身损坏或其他的原因无法拆卸维修开关，则在前机舱内接线盒中取下 HV 熔丝，如图 5-1-10 所示。

5）在拆卸服务插销后等待 10min，使高压部件内的高电压电容器放电。

6）检查高压部件端子电压（正常为 0V）。

图 5-1-10　HV 熔丝位置

2. 纯电动汽车高压中止与检验（装备维修开关）

比亚迪 e5、e6、荣威 e50 等部分纯电动汽车车型装备了手动维修开关。

（1）维修开关位置

无论是纯电动汽车还是混合动力汽车，手动维修开关一般都安装在动力电池上，图 5-1-11 所示为荣威 e50 动力电池，维修开关所处的位置位于中央扶手箱下部。

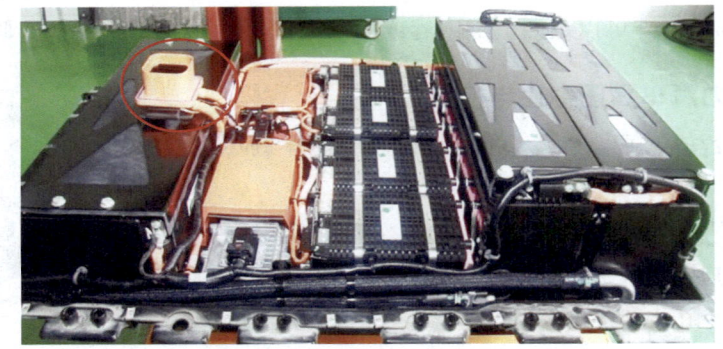

图 5-1-11　荣威 e50 纯电动汽车动力电池上维修开关位置

比亚迪纯电动汽车的手动维修开关也是位于中央扶手箱的下部。拆卸该手动维修开关前，必须先拆下扶手箱上的饰板，如图 5-1-12 所示。

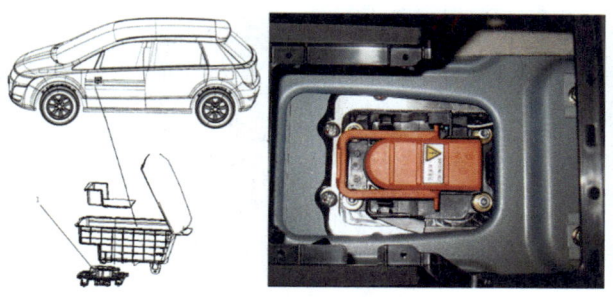

图 5-1-12　比亚迪手动维修开关

（2）维修开关拆卸步骤

纯电动汽车手动维修开关拆卸方法与混合动力汽车基本相同，如图 5-1-13 所示。

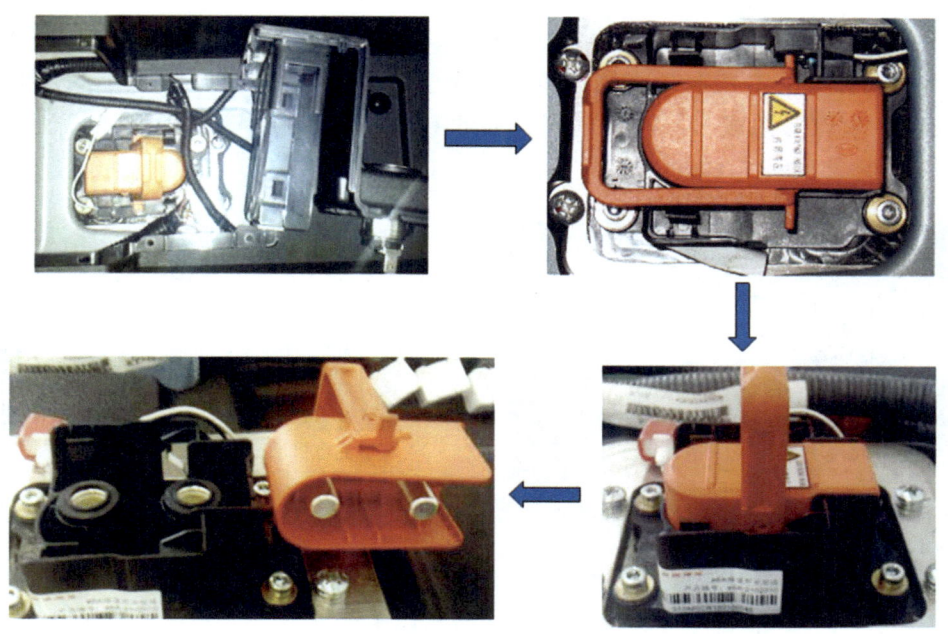

图 5-1-13　拆卸手动维修开关步骤

（3）高压检验步骤

高压检验步骤参照上文混合动力汽车的相关内容。

3. 纯电动汽车高压中止与检验（没有装备维修开关）

北汽新能源系列纯电动汽车，以及部分电动汽车车型没有装备手动维修开关。这类车型采用"软切断"的方法，一旦 12V 低压蓄电池负极断开，或是带高压互锁开关的高压导线被拆开，动力电池内部高压接触器就会切断电源输出。如图 5-1-14 所示，在北汽新能源 EC180 纯电动汽车动力电池高压端口并未测量到 111.6V 的额定电压（动力电池正常并充满电时）。但是为了操作安全，仍然需要进行高压中止与检验。

图 5-1-14 北汽新能源 EC180 纯电动汽车动力电池高压测量

北汽新能源纯电动汽车高压中止与检验实施步骤如下：

1）将车辆点火开关钥匙置于 OFF 档，等待高压电容放电 5~10min。

2）断开低压蓄电池负极桩头电缆，如图 5-1-15 所示。

3）如果针对采用 PDU 的车型（即将车载充电机、DC/DC 变换器、高压控制盒 BDU 集成一体，称 PDU 总成），如 2016 款以后的 EV160、EV200 等车型，应断开 PDU 左后方低压插接件，如图 5-1-16 所示。

图 5-1-15　断开低压蓄电池负极桩头电缆

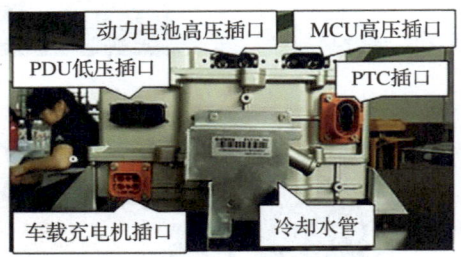

图 5-1-16　PDU 后方低压插接件

4）检查绝缘手套是否漏气，并戴上绝缘手套。

5）断开动力电池高压线束插接件，切断高压电源，放置"高压危险警告牌"，如图 5-1-17 所示。

警告： 高压断电必须由电气资质人员操作并放置高压危险警告牌。

图 5-1-17　高压危险警告牌

6）使用万用表对所维修部位进行电压测量，如果所测量值大于 0V 时，应使用专用放电工具对该部位进行放电。当电压完全消失后方可进行下一步。

图 5-1-18 所示为使用放电工具放电；图 5-1-19 所示为用万用表测量电压确认无电。

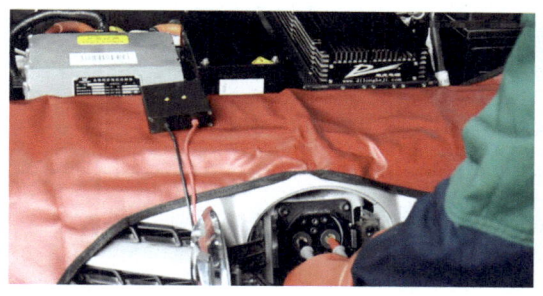

图 5-1-18　放电工具放电

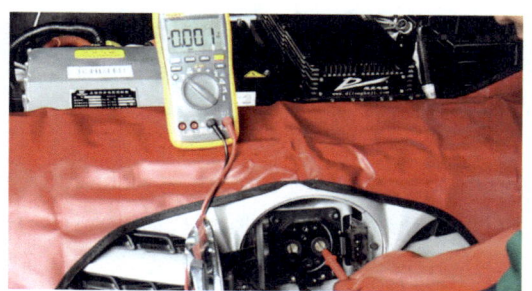

图 5-1-19　万用表确认无电

注意：

①一定要确认处于无电状态，可通过测量 12V 蓄电池电压的方式核实数字万用表是否正常。

②测试高压控制盒或 PDU 动力电池端（采用 PDU 的车型）的端子电压、端子的搭铁电压时，每个高压电池插口正负极电压以及正负极对地电压，数值不应大于 3V。若测试结果大于 3V，则动力电池组总成内部可能出现高压接触器卡滞或高压系统绝缘失效。

任务实施

1. 实施要求

本任务主要学习新能源汽车高压中止与检验操作步骤，内容包括：

1）装备维修开关车型的高压中止与检验。

2）没有装备维修开关车型的高压中止与检验。

2. 实施准备

1）防护装备：绝缘防护装备。

2）车辆、台架、总成：纯电动汽车及混合动力汽车整车（含装备维修开关和没有装备维修开关的车型）。

3）设备、专用工具：万用表。

4）手工工具：绝缘拆装工具套组。

5）辅助材料：绝缘胶带。

6）其他：无。

3. 实施步骤

警告： 检查个人安全防护装备，确保绝缘手套等防护设备在有效检验期内并可用！检查车辆，确保实训车辆没有高压隐患！执行该操作时，必须由经过对应车型培训且具有资质的教师执行！

（1）装备维修开关车型的高压中止与检验

车型：_____　　维修开关位置：_____

1）执行高压中止步骤：参照学习的内容或维修手册，执行高压中止，并记录步骤。

记录：_____

_____

2）执行高压检验步骤：参照学习的内容或维修手册，执行高压检验，并记录步骤。

电压：_____V

记录：_____

_____

（2）没有装备维修开关车型的高压中止与检验

车型：_____

1）执行高压中止步骤：参照学习的内容或维修手册，执行高压中止，并记录步骤。

记录：_____

_____

2）执行高压检验步骤：参照学习的内容或维修手册，执行高压检验，并记录步骤。

电压：_____V

记录：_____

_____

任务考核

一、自我测试　　　　　　　　　　满分：__20分__　得分：_____

1. 判断题（每题 1 分）

1）高电压的检验就是确认操作的部件没有高电压。（　　）

2）执行高压中止后，车辆所有部件应该都不具有高电压。（　　）

3）拆下维修开关时应戴上绝缘手套。（　　）

4）手动维修开关设计有特殊锁止机构，拆卸需要一定的技巧。（　　）

5）手动维修开关并联在动力电池输出电路上。（　　）

6）所有的电动汽车都装备有维修开关。（　　）

7）拆下带低压互锁开关的高压导线插接器也能切断高压。（　　）

8）高压检验时，各高压端子的电压必须低于动力电池额定电压。（　　）

9）高压部件通常安装有电容器，能保持一段时间的高电压。　　　　（　　）

10）北汽新能源汽车所有车型都装备手动维修开关。　　　　　　　（　　）

2. 单选题（每题 2 分）

1）如果进行新能源汽车以下（　　）操作时，要求进行高压中止与检验。

　　A. 保养或维修车辆高电压系统

　　B. 进行救援或事故修复工作

　　C. 其他可能接触到高电压，但不需要运行高压系统的操作

　　D. 以上都是

2）没有装备手动维修开关的车型，切断高压应（　　）。

　　A. 拆卸低压蓄电池负极桩头

　　B. 拆卸某一高压部件的互锁开关

　　C. A 和 B 都是

　　D. A 和 B 都不是

3）丰田混合动力汽车如果因为车身损坏或其他的原因无法拆下维修开关，则可以（　　）。

　　A. 拆下动力电池高压导线端子

　　B. 在前机舱内接线盒中取下 HV 熔丝

　　C. 在前机舱内接线盒中取下 HV 高压继电器

　　D. 无需操作

4）比亚迪 e6 纯电动汽车手动维修开关所处的位置一般是在（　　）。

　　A. 前机舱　　　　　　　　　　　　B. 行李舱

　　C. 中央扶手箱下部　　　　　　　　D. 仪表板下方

5）高压检验时，若测试结果大于 3V，则可能原因是（　　）。

　　A. 高压接触器卡滞　　　　　　　　B. 高压系统绝缘

　　C. A 和 B 都可能　　　　　　　　　D. A 和 B 都不可能

二、教师评价

知识目标：□差　　□合格　　□中　　□良　　□优

技能目标：□差　　□合格　　□中　　□良　　□优

素质目标：□差　　□合格　　□中　　□良　　□优

评语：

新能源汽车 高压安全与防护

任务二　新能源汽车故障应急处理

学习目标

知识目标

1. 能够描述新能源汽车发生交通事故救援的应急处理方法。
2. 能够描述新能源汽车发生抛锚故障救援的应急处理方法。

技能目标

1. 能够进行新能源汽车发生交通事故救援的应急处理。
2. 能够进行新能源汽车发生抛锚故障救援的应急处理。

素质目标

1. 培养良好的职业道德和工匠精神。
2. 培养安全意识和团队协作精神。
3. 培养自我管理和自主学习能力。

任务导入

一辆纯电动汽车停在车库一星期后，无法启动，仪表没有任何显示，动力电池也没法充电，你的主管安排你去救援，你能完成这个任务吗？

获取信息

❓ 引导问题一　新能源汽车发生交通事故需要救援时，如何处理？

新能源汽车发生交通事故，以及事故可能引发的动力电池电解液泄漏、火灾、水淹等救援的应急处理，与传统内燃机汽车有所区别。

1. 交通事故救援

纯电动或混合动力汽车发生交通事故需要救援时，千万不要因为车辆运行比较安静就误以为它处于停机状态。当车辆处于"READY"或"OK"模式时（相应的指示灯点亮，如图 5-2-1 所示），纯电动车型的大部分高压系统处于通电工作状态；混合动力车型的发动机可能会自动启动，所以在检查或维修车辆时，记住要先看看"READY"或"OK"指示灯是否已经熄灭了。

图 5-2-1　混合动力汽车的"READY"指示灯

在处理事故车辆前，应执行以下断电操作步骤：

1）用挡块挡住车轮，并确保驻车制动可靠工作，避免处理车辆时，发生车辆移动。

2）确认变速器档位处于 P 位。

3）关闭点火开关，并确认"READY"或"OK"熄灭。

4）断开 12V 低压蓄电池负极端子接线。

5）根据车型拆卸手动维修开关或者 HV 熔丝或者高压互锁开关。

如果车辆损伤严重，无法进入车内关闭点火开关，车辆一直处于"READY"或"OK"模式时，务必戴上绝缘手套，打开前机舱或行李舱（丰田混合动力等车型），找到并断开低压蓄电池负极端子接线、维修开关或高压电缆。

此外，救援时若高压电缆被撞断，车辆的控制系统通常会切断高压电，因为车辆上的绝缘监测功能会持续地监测高压电缆到底盘是否漏电。如果撞车时，安全气囊已经引爆展开，高压电源也会自动切断，即使气囊不展开，车辆安装的减速传感器若超过其设定的参数，也会切断高压电。

图 5-2-2 所示为高压系统的切断方式。

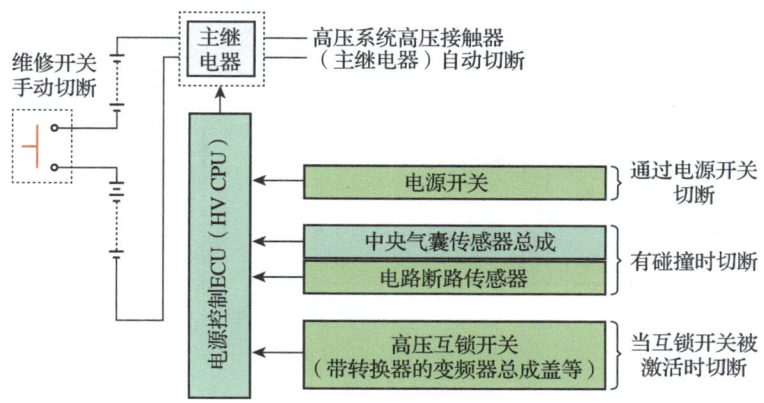

图 5-2-2　高压系统的切断方式

提示： 与传统车辆一样，新能源汽车发生交通事故时，应根据交通法的规定处理事故，进行人员施救，并联系交警部门、保险公司、120急救等。

2. 交通事故引发的其他事故应急处理

（1）动力电池电解液泄漏

当面对事故车辆泄漏的不明液体时，液体有可能是防冻液、变速器油、空调水等普通油水，也有可能是动力电池破损溢出电解液。电解液属于碱性（镍氢电池）或酸性（锂电池）的腐蚀性液体（图5-2-3），因此不要触摸，尽快戴上绝缘手套，并采用红色石蕊试纸检查溢出液，如果试纸变为蓝色（碱性电解液），溢出的液体需要使用硼酸溶液进行中和。中和完成后，使用试纸再去检查溢出液体，确认试纸颜色不改变。中和完毕后，用充足的吸水毛巾或布，吸收事故中溢出的电解液。

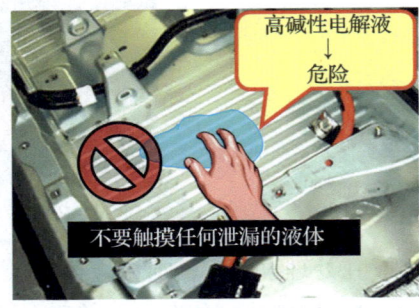

图5-2-3　不要触摸任何泄漏的液体

发现不明液体时，可根据车辆碰撞部位及部件损坏情况，预先判断泄漏液体的种类。

图5-2-4所示为动力电池电解液泄漏的处理方法。

警告： 发生动力电池电解液泄漏，可能引发动力电池燃烧甚至爆炸，请注意安全防护！如果电解液与皮肤接触时，应使用大量的水冲洗！避免吸入有毒的气体！如果吸入，请尽快就医（救护电话120）。

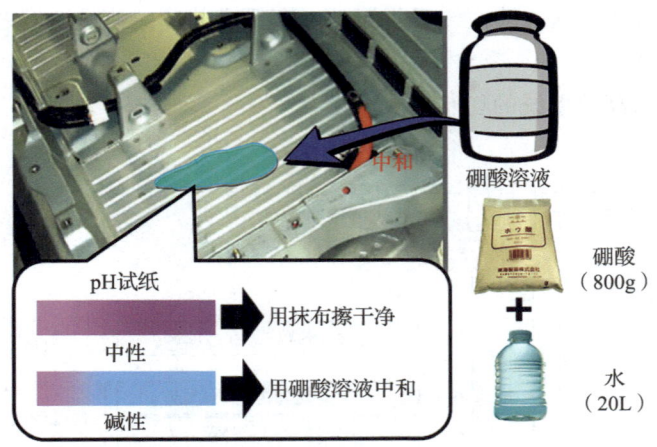

图5-2-4　电解液泄漏处理方法

（2）火灾救援

新能源汽车发生交通事故引发或自燃着火后，在报119火警的同时必须先切断电源，再进行扑灭。如果不能迅速断电，可使用 ABC 干粉灭火器及其他合适的灭火器材灭火。

如果发生大面积或动力电池引发的火灾时，应持续浇大量的水（消防栓的高压水）进行灭火。如果火势很大，应立即疏散人员并尽快远离车辆！

灭火器材的使用及救援方法请参照其他相关内容及消防演习的要求。

（3）水淹救援

当遇到暴雨或车辆掉入水中被淹没时，由于高压控制系统（VCU/BMS）检测到绝缘性能低，会立即断开高压接触器，因此乘员舱不会有高电压，也就是没有高压触电的危险。

如果车辆长时间浸泡在水中，动力电池及其他高压系统进水后发生短路，电能会逐渐消耗尽，因此救援时基本上不会有触电的危险。但是，为了安全起见，救援时也应该做好绝缘安全防护，并且不要接触高压部件，避免发生意外！

图 5-2-5 所示为混合动力汽车被水淹没的情形。

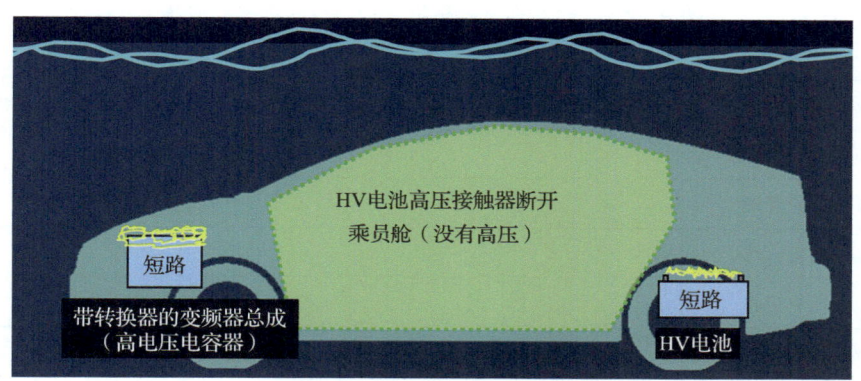

图 5-2-5　混合动力汽车被水淹没的情形

❓ 引导问题二　新能源汽车发生抛锚故障需要救援时，如何处理？

新能源汽车发生交通事故、抛锚故障时，涉及牵引车辆及跨接启动等应急处理。

1. 牵引车辆

新能源汽车的电驱动系统连接三相交流驱动电机，在牵引车辆时，如果车辆驱动轮（前轮）转动将产生电能。因此，对新能源汽车进行牵引，必须严格遵守生产厂商的要求，否则可能损坏驱动电机或变速单元。图 5-2-6 所示为驱动轮着地牵引车辆时可能造成的危险。

无论是混合动力汽车还是纯电动汽车，正确的牵引方法是，尽量将车辆全部平放在救援的平板拖车上，然后牵引车辆到指定的位置，或根据车辆的驱动方式执行，如图 5-2-7 所示。

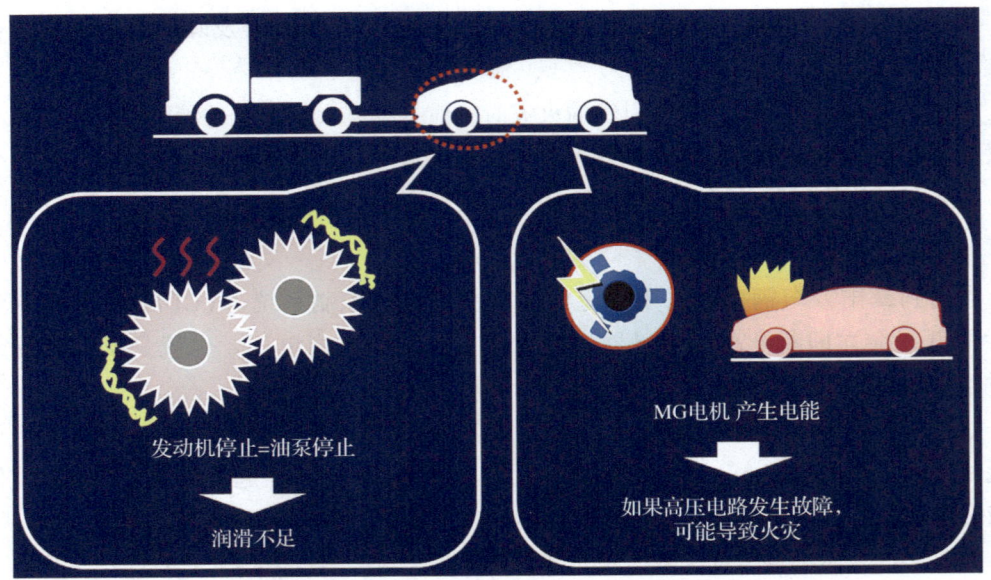

图 5-2-6　驱动轮着地牵引车辆时可能造成的危险

车辆驱动方式	前置前驱车辆	前置后驱车辆	四轮驱动车辆
拖车（前轮着地）	×	○ *1	×
拖车（后轮着地）	○	×	×
拖车（四轮着地）	×	×	×
拖车（四轮抬起）	○	○	○
平板拖车	○	○	○

○：可拖曳车辆　　　×：不可拖曳车辆

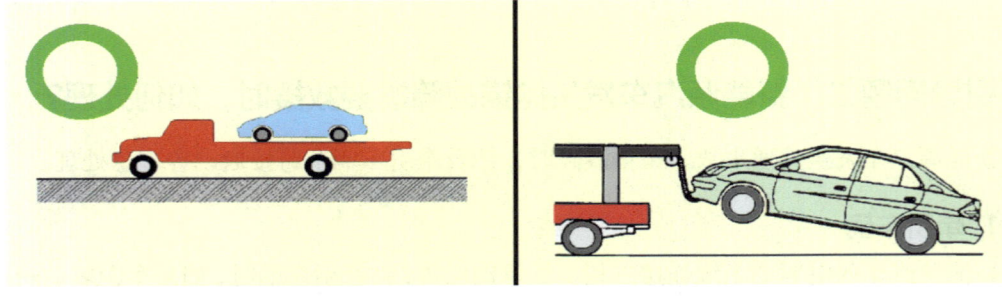

*1：在 IG ON 时拖车并且转向盘解锁，不要超过 30km/h 并且只限于短距离。

图 5-2-7　正确的牵引方式

2. 跨接启动

新能源汽车的全车控制模块及灯光等低压电器设备都是通过 12V 低压蓄电池来供电的。如果低压蓄电池完全亏电后，故障现象如下：

1）将点火开关转到 ON 位置，组合仪表没有显示（黑屏）。
2）控制模块不能工作，车辆也没法行驶，即不能进入 READY/OK 状态。
3）前照灯灯光微弱或不能点亮。
4）喇叭声音微弱，或不能发出声音。

如果新能源汽车因为 12V 低压蓄电池亏电的原因不能启动，可以利用外接 12V 电源跨接启动。以下以丰田混合动力汽车为例（其他车型蓄电池的位置可能不同或没有专用的跨接启动端子），介绍具体的操作方法。

（1）用充电机充电

与传统汽车操作方法相同，用充电机向车上的低压蓄电池小电流缓慢充电，如图 5-2-8 所示。

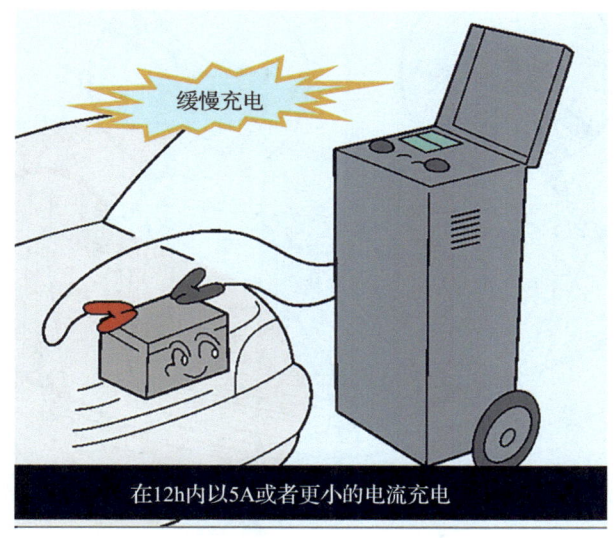

图 5-2-8 用充电机向 12V 蓄电池充电

为了避免产生火花等发生危险，就车充电时除了与传统汽车充电的注意事项（拆卸蓄电池负极桩头等），充电电流应低于 5A 缓慢充电。

提示：充电机是指普通低压铅酸蓄电池的充电机，并不是纯电动汽车车载充电机或充电桩，因此这种方法一般仅用于具备充电条件的维修车间使用。

（2）直接跨接 12V 低压蓄电池正负极

图 5-2-9 所示为丰田混合动力汽车（普锐斯）位于行李舱的 12V 低压蓄电池，可以和传统车辆一样跨接启动车辆。

（3）跨接启动端子启动

如图 5-2-10 所示，在前机舱下面有一个"+"标志红色塑料盖，打开盖子可以找到用于 12V 跨接启动的端子。

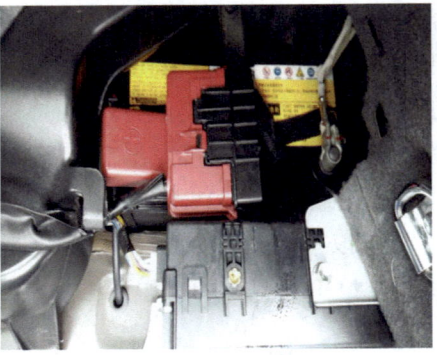

图 5-2-9　丰田普锐斯混合动力汽车的 12V 低压蓄电池

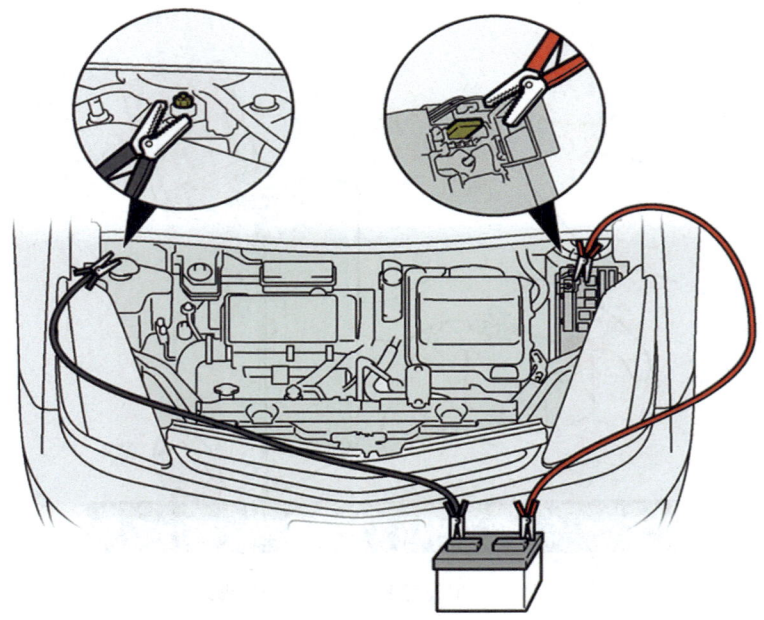

图 5-2-10　丰田混合动力汽车 12V 跨接启动端子

需要特别说明的是，跨接启动端子不能用来启动另外一辆车，否则将产生 100~600A 的电流，可能造成 DC/DC 变换器的熔丝（125A）熔断，车辆出现行驶无力、不能向 12V 低压蓄电池充电等故障。

警告：高压的动力电池组无法跨接启动！如果尝试跨接启动会造成严重的触电和车辆损害事故！

任务实施

1. 实施要求

本任务主要学习新能源汽车故障应急处理的方法，内容包括：

1)新能源汽车发生交通事故救援的应急处理。

2)新能源汽车发生抛锚故障救援的应急处理。

2. 实施准备

1)防护装备:绝缘防护装备。

2)车辆、台架、总成:纯电动汽车和混合动力汽车整车(车型不限)。

3)设备、专用工具:万用表、充电机、跨接电源线。

4)手工工具:绝缘拆装工具套组。

5)辅助材料:绝缘胶带。

6)其他:灭火器。

3. 实施步骤

警告:检查个人安全防护装备,确保绝缘手套等防护设备在有效检验期内并可用!检查车辆,确保实训车辆没有高压隐患!执行该操作时,必须由经过对应车型培训且具有资质的教师执行!

(1)新能源汽车发生交通事故救援的应急处理

1)如果一辆电动汽车(纯电动或混合动力)发生交通事故,救援时你看到仪表上绿色的 READY/OK 指示灯亮着,你如何处理?

提示:根据车型及条件模拟操作。

记录(车门可以打开):_____

记录(车门不能打开):_____

2)如果一辆电动汽车(纯电动或混合动力)发生交通事故,救援时你看到底盘部位有液体漏出,你如何判断是什么液体?如何处理?

记录:_____
_____
_____
_____

3)如果一辆电动汽车(纯电动或混合动力)发生交通事故,救援时你看到机舱有冒烟,并且有产生疑似电火花的迹象,如何处理?

记录:_____
_____
_____
_____

提示:火灾救援请参照其他相关内容。

4)如果一辆电动汽车(纯电动或混合动力)发生交通事故,救援时你看到车辆已经

新能源汽车 高压安全与防护

被水淹没，如何处理？

记录：_____

_____

_____

_____

提示： 请参照学习的内容，并通过互联网查询水淹车辆救援相关的资料。

（2）新能源汽车发生抛锚故障救援的应急处理

1）如果一辆电动汽车（纯电动或混合动力）发生抛锚，需要拖车救援，你如何确定拖车方法？

记录：_____

_____

_____

_____

2）如果一辆电动汽车（纯电动或混合动力），停在车库一星期后，无法启动，仪表没有任何显示（黑屏），动力电池也没法充电，你的主管安排你去救援，你能完成这个任务吗？

记录（丰田混合动力，装备跨接端子）：_____

记录（纯电动汽车）：_____

（3）总结

根据所学习的知识及参照其他相关资料，综合讨论新能源汽车发生交通事故或抛锚故障时，救援的注意事项。

记录：_____

_____

_____

_____

任务考核

一、自我测试　　　　　　　　　　满分：20分　得分：_____

1. 判断题（每题1分）

1）新能源汽车发生交通事故救援的应急处理与传统内燃机汽车一致。　　（　　）

2）当车辆处于"READY"或"OK"模式时，车辆处于工作行状态。　　（　　）

3）如果撞车时，气囊展开，高压电源也会自动切断。　　（　　）

4）新能源汽车发生交通事故时，也应根据交通法规的规定处理交通事故。（　　）

5）电动汽车事故车辆泄漏液体一定是动力电池电解液。（　　）

6）可根据车辆碰撞部位及部件损坏情况，预先判断泄漏液体的种类。（　　）

7）当电动汽车遇到暴雨或车辆掉入水中被淹没时，整车都会带高压电。（　　）

8）电动汽车拖车时，如果驱动轮着地，可能引发火灾。（　　）

9）如果新能源汽车因为12V低压蓄电池亏电不能启动，可以利用外接12V电源跨接启动。（　　）

10）动力电池没电时，在注意安全的前提下，可以用其他车辆的动力电池跨接启动。（　　）

2. 单选题（每题2分）

1）除了按交通法规处理，以下哪项是处理新能源汽车事故车辆前处理的事项（　　）。

  A. 避免发生车辆移动

  B. 关闭点火开关，并确认"READY"或"OK"熄灭

  C. 根据高压中止步骤切断高压电源

  D. 以上都是

2）纯电动汽车事故车辆泄漏的不明液体时，液体不可能是（　　）。

  A. 防冻液

  B. 变速器油

  C. 发动机润滑油

  D. 电解液

3）在牵引电动汽车时，如果车辆的驱动轮着地，则可能（　　）。

  A. 损坏驱动电机

  B. 损坏变速器

  C. A和B都可能

  D. 以上都错误

4）如果电动汽车低压蓄电池完全亏电后，故障现象可能是（　　）。

  A. 组合仪表黑屏

  B. 控制模块不能工作

  C. 灯光不亮，喇叭不响

  D. 以上都可能

5）丰田混合动力汽车，发生低压电源亏电时，以下不能采用的应急启动方法是（　　）。

  A. 用充电机缓慢充电

  B. 直接跨接12V低压蓄电池

  C. 跨接机舱内专用的启动端子

  D. 跨接动力电池，利用动力电池向低压电池充电

二、教师评价

知识目标：□差　　□合格　　□中　　□良　　□优

技能目标：□差　　□合格　　□中　　□良　　□优

素质目标：□差　　□合格　　□中　　□良　　□优

评语：_____

_____

_____

_____

_____

_____

附录 特种作业操作证（低压电工作业证）考证资料

以下提供特种作业操作证（低压电工作业证）部分考证相关资料供参考，具体内容请以当地主管部门发布的信息为准。

一、法律法规依据、主管部门、证书名称及证书样本

1. 法律法规依据

国家有关部门制定和公布了《安全生产法》《特种作业人员安全技术培训考核管理规定》《关于特种作业人员安全技术培训考核工作意见》《安全生产培训管理办法》，其中最主要的法律文件《特种作业人员安全技术培训考核管理规定》于2010年4月26日由国家安全生产监督管理总局局长办公会议审议通过并公布，自2010年7月1日起施行。该文件在2015年进行了修订并重新公布。

2. 主管部门

证书由应急管理部门（原安全生产监督管理局）主管。

3. 证书名称

证书名称为特种作业操作证（低压电工作业证）。

新能源汽车（电动汽车）涉及高电压，动力电池的额定电压在1000V以下。根据国家标准文件对电工作业的定义，属于"低压电工作业"的范畴。维修作业人员需要具备低压电工知识和技能，并取得相应的资质证书。

相关标准文件对电工作业的定义如下：

1. 电工作业

指对电气设备进行运行、维护、安装、检修、改造、施工、调试等作业(不含电力系统进网作业)。

 1.1 高压电工作业

指对1千伏(kV)及以上的高压电气设备进行运行、维护、安装、检修、改造、施工、调试、试验及绝缘工、器具进行试验的作业。

 1.2 低压电工作业

指对1千伏(kV)以下的低压电器设备进行安装、调试、运行操作、维护、检修、改造

施工和试验的作业。

4. 证书样本

证书为 IC 卡（图 1）形式。

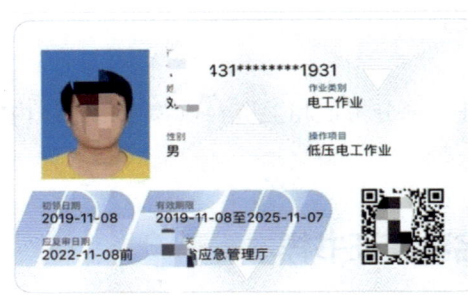 

图 1　证书样本

二、《特种作业人员安全技术培训考核管理规定》相关条款摘录

以下摘录主要的法律文件《特种作业人员安全技术培训考核管理规定》相关条款。

第一条　为了规范特种作业人员的安全技术培训考核工作，提高特种作业人员的安全技术水平，防止和减少伤亡事故，根据《安全生产法》《行政许可法》等有关法律、行政法规，制定本规定。

第二条　生产经营单位特种作业人员的安全技术培训、考核、发证、复审及其监督管理工作，适用本规定。

有关法律、行政法规和国务院对有关特种作业人员管理另有规定的，从其规定。

第三条　本规定所称特种作业，是指容易发生事故，对操作者本人、他人的安全健康及设备、设施的安全可能造成重大危害的作业。特种作业的范围由特种作业目录规定。

本规定所称特种作业人员，是指直接从事特种作业的从业人员。

第四条　特种作业人员应当符合下列条件：

（一）年满 18 周岁，且不超过国家法定退休年龄；

（二）经社区或者县级以上医疗机构体检健康合格，并无妨碍从事相应特种作业的器质性心脏病、癫痫病、美尼尔氏症、眩晕症、癔病、震颤麻痹症、精神病、痴呆症以及其他疾病和生理缺陷；

（三）具有初中及以上文化程度；

（四）具备必要的安全技术知识与技能；

（五）相应特种作业规定的其他条件。

危险化学品特种作业人员除符合前款第（一）项、第（二）项、第（四）项和第（五）项规定的条件外，应当具备高中或者相当于高中及以上文化程度。

第五条　特种作业人员必须经专门的安全技术培训并考核合格，取得《中华人民共和国

特种作业操作证》（以下简称特种作业操作证）后，方可上岗作业。

特种作业人员应当接受与其所从事的特种作业相应的安全技术理论培训和实际操作培训。

已经取得职业高中、技工学校及中专以上学历的毕业生从事与其所学专业相应的特种作业，持学历证明经考核发证机关同意，可以免于相关专业的培训。

跨省、自治区、直辖市从业的特种作业人员，可以在户籍所在地或者从业所在地参加培训。

第六条 特种作业人员的安全技术培训、考核、发证、复审工作实行统一监管、分级实施、教考分离的原则。

第七条 国家安全生产监督管理总局（以下简称安全监管总局）指导、监督全国特种作业人员的安全技术培训、考核、发证、复审工作；省、自治区、直辖市人民政府安全生产监督管理部门指导、监督本行政区域特种作业人员的安全技术培训工作，负责本行政区域特种作业人员的考核、发证、复审工作；县级以上地方人民政府安全生产监督管理部门负责监督检查本行政区域特种作业人员的安全技术培训和持证上岗工作。

第八条 对特种作业人员安全技术培训、考核、发证、复审工作中的违法行为，任何单位和个人均有权向安全监管总局、煤矿安监局和省、自治区、直辖市及设区的市人民政府安全生产监督管理部门、负责煤矿特种作业人员考核发证工作的部门或者指定的机构举报。

第九条 特种作业人员应当接受与其所从事的特种作业相应的安全技术理论培训和实际操作培训。

已经取得职业高中、技工学校及中专以上学历的毕业生从事与其所学专业相应的特种作业，持学历证明经考核发证机关同意，可以免于相关专业的培训。

跨省、自治区、直辖市从业的特种作业人员，可以在户籍所在地或者从业所在地参加培训。

第十条 从事特种作业人员安全技术培训的机构（以下统称培训机构），必须按照有关规定取得安全生产培训资质证书后，方可从事特种作业人员的安全技术培训。

培训机构开展特种作业人员的安全技术培训，应当制定相应的培训计划、教学安排，并报有关考核发证机关审查、备案。

第十一条 培训机构应当按照安全监管总局、煤矿安监局制定的特种作业人员培训大纲和煤矿特种作业人员培训大纲进行特种作业人员的安全技术培训。

第十二条 特种作业人员的考核包括考试和审核两部分。考试由考核发证机关或其委托的单位负责；审核由考核发证机关负责。

第十三条 参加特种作业操作资格考试的人员，应当填写考试申请表，由申请人或者申请人的用人单位持学历证明或者培训机构出具的培训证明向申请人户籍所在地或者从业所在地的考核发证机关或其委托的单位提出申请。

考核发证机关或其委托的单位收到申请后，应当在60日内组织考试。

特种作业操作资格考试包括安全技术理论考试和实际操作考试两部分。考试不及格的，允许补考1次。经补考仍不及格的，重新参加相应的安全技术培训。

第十四条　考核发证机关委托承担特种作业操作资格考试的单位应当具备相应的场所、设施、设备等条件，建立相应的管理制度，并公布收费标准等信息。

第十五条　考核发证机关或其委托承担特种作业操作资格考试的单位，应当在考试结束后10个工作日内公布考试成绩。

第十六条　符合本规定第四条规定并经考试合格的特种作业人员，应当向其户籍所在地或者从业所在地的考核发证机关申请办理特种作业操作证，并提交身份证复印件、学历证书复印件、体检证明、考试合格证明等材料。

第十七条　收到申请的考核发证机关应当在5个工作日内完成对特种作业人员所提交申请材料的审查，作出受理或者不予受理的决定。能够当场作出受理决定的，应当当场作出受理决定；申请材料不齐全或者不符合要求的，应当当场或者在5个工作日内一次告知申请人需要补正的全部内容，逾期不告知的，视为自收到申请材料之日起即已被受理。

第十八条　对已经受理的申请，考核发证机关应当在20个工作日内完成审核工作。符合条件的，颁发特种作业操作证；不符合条件的，应当说明理由。

第十九条　特种作业操作证有效期为6年，在全国范围内有效。

特种作业操作证由安全监管总局统一式样、标准及编号。

第二十条　特种作业操作证遗失的，应当向原考核发证机关提出书面申请，经原考核发证机关审查同意后，予以补发。

特种作业操作证所记载的信息发生变化或者损毁的，应当向原考核发证机关提出书面申请，经原考核发证机关审查确认后，予以更换或者更新。

第二十一条　特种作业操作证每3年复审1次。

特种作业人员在特种作业操作证有效期内，连续从事本工种10年以上，严格遵守有关安全生产法律法规的，经原考核发证机关或者从业所在地考核发证机关同意，特种作业操作证的复审时间可以延长至每6年1次。

第二十二条　特种作业操作证需要复审的，应当在期满前60日内，由申请人或者申请人的用人单位向原考核发证机关或者从业所在地考核发证机关提出申请，并提交下列材料：

（一）社区或者县级以上医疗机构出具的健康证明；

（二）从事特种作业的情况；

（三）安全培训考试合格记录。

特种作业操作证有效期届满需要延期换证的，应当按照前款的规定申请延期复审。

第二十三条　特种作业操作证申请复审或者延期复审前，特种作业人员应当参加必要的安全培训并考试合格。

安全培训时间不少于8个学时，主要培训法律、法规、标准、事故案例和有关新工艺、新技术、新装备等知识。

第二十四条　申请复审的，考核发证机关应当在收到申请之日起20个工作日内完成复审工作。复审合格的，由考核发证机关签章、登记，予以确认；不合格的，说明理由。

申请延期复审的，经复审合格后，由考核发证机关重新颁发特种作业操作证。

第二十五条 特种作业人员有下列情形之一的，复审或者延期复审不予通过：

（一）健康体检不合格的；

（二）违章操作造成严重后果或者有2次以上违章行为，并经查证确实的；

（三）有安全生产违法行为，并给予行政处罚的；

（四）拒绝、阻碍安全生产监管监察部门监督检查的；

（五）未按规定参加安全培训，或者考试不合格的；

（六）具有本规定第三十条、第三十一条规定情形的。

第二十六条 特种作业操作证复审或者延期复审符合本规定第二十五条第（二）项、第（三）项、第（四）项、第（五）项情形的，按照本规定经重新安全培训考试合格后，再办理复审或者延期复审手续。

再复审、延期复审仍不合格，或者未按期复审的，特种作业操作证失效。

第二十七条 申请人对复审或者延期复审有异议的，可以依法申请行政复议或者提起行政诉讼。

第二十八条 考核发证机关或其委托的单位及其工作人员应当忠于职守、坚持原则、廉洁自律，按照法律、法规、规章的规定进行特种作业人员的考核、发证、复审工作，接受社会的监督。

第二十九条 考核发证机关应当加强对特种作业人员的监督检查，发现其具有本规定第三十条规定情形的，及时撤销特种作业操作证；对依法应当给予行政处罚的安全生产违法行为，按照有关规定依法对生产经营单位及其特种作业人员实施行政处罚。

考核发证机关应当建立特种作业人员管理信息系统，方便用人单位和社会公众查询；对于注销特种作业操作证的特种作业人员，应当及时向社会公告。

第三十条 有下列情形之一的，考核发证机关应当撤销特种作业操作证：

（一）超过特种作业操作证有效期未延期复审的；

（二）特种作业人员的身体条件已不适合继续从事特种作业的；

（三）对发生生产安全事故负有责任的；

（四）特种作业操作证记载虚假信息的；

（五）以欺骗、贿赂等不正当手段取得特种作业操作证的。

特种作业人员违反前款第（四）项、第（五）项规定的，3年内不得再次申请特种作业操作证。

第三十一条 有下列情形之一的，考核发证机关应当注销特种作业操作证：

（一）特种作业人员死亡的；

（二）特种作业人员提出注销申请的；

（三）特种作业操作证被依法撤销的。

第三十二条 离开特种作业岗位6个月以上的特种作业人员，应当重新进行实际操作考试，经确认合格后方可上岗作业。

第三十三条　省、自治区、直辖市人民政府安全生产监督管理部门和负责煤矿特种作业人员考核发证工作的部门或者指定的机构应当每年分别向安全监管总局、煤矿安监局报告特种作业人员的考核发证情况。

第三十四条　生产经营单位应当加强对本单位特种作业人员的管理，建立健全特种作业人员培训、复审档案，做好申报、培训、考核、复审的组织工作和日常的检查工作。

第三十五条　特种作业人员在劳动合同期满后变动工作单位的，原工作单位不得以任何理由扣押其特种作业操作证。

跨省、自治区、直辖市从业的特种作业人员应当接受从业所在地考核发证机关的监督管理。

第三十六条　生产经营单位不得印制、伪造、倒卖特种作业操作证，或者使用非法印制、伪造、倒卖的特种作业操作证。

特种作业人员不得伪造、涂改、转借、转让、冒用特种作业操作证或者使用伪造的特种作业操作证。

第三十七条　考核发证机关或其委托的单位及其工作人员在特种作业人员考核、发证和复审工作中滥用职权、玩忽职守、徇私舞弊的，依法给予行政处分；构成犯罪的，依法追究刑事责任。

第三十八条　生产经营单位未建立健全特种作业人员档案的，给予警告，并处1万元以下的罚款。

第三十九条　生产经营单位使用未取得特种作业操作证的特种作业人员上岗作业的，责令限期改正；可以处5万元以下的罚款；逾期未改正的，责令停产停业整顿，并处5万元以上10万元以下的罚款，对直接负责的主管人员和其他直接责任人员处1万元以上2万元以下的罚款。

第四十条　生产经营单位非法印制、伪造、倒卖特种作业操作证，或者使用非法印制、伪造、倒卖的特种作业操作证的，给予警告，并处1万元以上3万元以下的罚款；构成犯罪的，依法追究刑事责任。

第四十一条　特种作业人员伪造、涂改特种作业操作证或者使用伪造的特种作业操作证的，给予警告，并处1000元以上5000元以下的罚款。

特种作业人员转借、转让、冒用特种作业操作证的，给予警告，并处2000元以上10000元以下的罚款。

三、《低压电工作业人员安全技术培训大纲和考核标准》摘录

1. 范围

本标准规定了低压电工作业人员的基本条件、安全技术培训（以下简称培训）大纲和安全技术考核（以下简称考核）标准。

本标准适用于低压电工作业人员的培训和考核。

2. 规范引用文件

下列文件所包含的条文，通过在本标准中引用而构成为本标准的条文。本标准出版时，所示版本均为有效。所有标准都会被修订，使用本标准的各方应探讨使用下列标准最新版本的可能性。

特种作业人员安全技术培训考核管理规定（国家安全生产监督管理总局令 第 30 号）

GB/T 13869—2008 用电安全导则

DL 408—1991（2005）电业安全工作规程（发电厂和变电所电气部分）

DL 409—1991（2005）电业安全工作规程（电力线路部分）

GB/T 4776—2008 电气安全术语

AQ 3009—2007 危险场所电气防爆安全规范

3. 术语和定义

下列术语和定义适用于本标准或用于区分本标准。

3.1　电工作业

对电气设备进行运行、维护、安装、检修、改造、施工、调试等作业。

3.2　高压电工作业

对 1 千伏（kV）及以上的高压电气设备进行运行、维护、安装、检修、改造、施工、调试、试验及绝缘工、器具进行试验的作业。

3.3　低压电工作业

对 1 千伏（kV）以下的低压电气设备进行安装、调试、运行操作、维护、检修、改造施工和试验的作业。

3.4　防爆电气作业

对各种防爆电气设备进行安装、检修、维护的作业。适用于除煤矿以外的防爆电气作业。

3.5　危险场所

爆炸性气体环境或可燃性粉尘环境大量出现或预期出现的数量足以要求对电气设备的结构、安装和使用采取专门预防措施的区域。

4. 基本条件

4.1　年满 18 周岁，且不超过国家法定退休年龄。

4.2　经社区或者县级以上医疗机构体检健康合格，并无妨碍从事低压电工作业的器质性心脏病、癫痫病、美尼尔氏症、眩晕症、癔病、震颤麻痹症、精神病、痴呆症、色盲、色弱以及其他对从事电工作业有妨碍或有安全隐患的疾病和生理缺陷。

4.3　具有初中及以上文化程度。

5. 培训大纲

5.1 培训要求

5.1.1 应按照本标准的规定对低压电工作业人员进行培训与复审培训。复审培训周期为每 3 年复审 1 次。特种作业人员在特种作业操作证有效期内，连续从事本工种 10 年以上，严格遵守有关安全生产法律法规的，经原考核发证机关或者从业所在地考核发证机关同意，特种作业操作证的复审时间可以延长至每 6 年 1 次。

5.1.2 理论与实际相结合，突出安全操作技能的培训。

5.1.3 实际操作训练中，应采取相应的安全防范措施。

5.1.4 注重职业道德、安全意识、基本理论和实际操作能力的综合培养。

5.1.5 应由具备特种作业教员资格的教师任教，并应有足够的教学场地、设备和器材等条件。

5.2 培训内容

5.2.1 安全基本知识

5.2.1.1 安全生产管理

1）我国安全生产法律法规；
2）我国安全生产方针；
3）电工作业人员的安全职责；
4）电气安全工作制度及相关基本措施。

5.2.1.2 触电事故及现场救护

1）电流对人体的伤害；
2）触电事故种类；
3）触电事故分析；
4）触电急救方法及注意事项。

5.2.1.3 防触电技术

1）常用绝缘材料的种类、性能及检查；
2）常用屏护装置的用途和使用方法；
3）安全距离的意义和规定；
4）IT 系统、TT 系统、TN 系统的基本原理及应用范围；
5）接地装置的连接及测量方法；
6）双重绝缘、安全电压和漏电保护装置等防止电击措施的介绍及应用范围。

5.2.1.4 电气防火与防爆

1）电气火灾和爆炸的原因；
2）电气防火与防爆措施；
3）防爆场所及防爆电气的识别；
4）电气火灾的扑救。

5.2.1.5 防雷和防静电

1）雷电危害及防护；

2）静电危害及防护。

5.2.2 安全技术基础知识

5.2.2.1 电工基础知识

1）电路基础知识；

2）电磁感应和磁路基本理论；

3）交流电路基础知识；

4）电子技术常识。

5.2.2.2 电工仪表及测量

1）电工仪表分类；

2）电压和电流的测量；

3）功率与电能的测量；

4）电压表、电流表、钳形电流表、兆欧表、接地电阻测量仪、直流单臂电桥、指针式万用表、数字万用表等电工仪表的基本结构及工作原理。

5.2.2.3 电工安全用具与安全标识

1）绝缘安全用具、验电器的使用方法；

2）登高安全用具种类、用途及使用方法；

3）临时接地线、遮栏、标识牌等检修安全用具的作用；

4）安全色及安全标识的使用规定。

5.2.2.4 电工工具及移动电气设备

1）常用电工工具的规格及使用范围；

2）常用手持式电动工具的种类与性能；

3）移动式电气设备种类与使用注意事项。

5.2.3 安全技术专业知识

5.2.3.1 低压电器设备

1）控制电器一般安全要求；

2）刀开关、低压断路器、交流接触器、主令电器等开关电器的结构与工作原理及用途；

3）低压熔断器、热继电器、电流继电器、漏电断路器等保护电器的结构与工作原理及用途；

4）低压配电屏的结构特点、运行及检查；

5）低压电气设备安全基本要求；

6）低压带电作业的安全要求。

5.2.3.2 异步电动机

1）异步电动机的结构与工作原理；

2）异步电动机的运行特性；

3）异步电动机的启动、制动和调速方法；

4）异步电动机的维护及常见故障处理。

5.2.3.3 电气线路

1）导线的选择；

2）架空线路、电缆线路、室内配线等配电线路的使用场所及特点；

3）电气线路保护与故障分析；

4）导线连接方式；

5）接线端头、热缩管、连接器、扎带、缠绕管、绝缘子等电工辅料的用途。

5.2.3.4 照明设备

1）电气照明的方式及种类；

2）照明设备的安装要求；

3）照明电路维护及常见故障处理。

5.2.3.5 电力电容器

1）电力电容器的结构与补偿原理；

2）电力电容器的安装要求及接线方式；

3）电力电容器的安全运行。

5.2.4 实际操作技能

5.2.4.1 低压配电及电气照明安装操作

1）灯具、插座安装及接线；

2）导线识别与选用；

3）导线连接、电力电缆安装、架空线路安装；

4）补偿电容器的接线与安装；

5）低压配电箱的安装。

5.2.4.2 低压电器设备安装与调试操作

1）各种电工钳、电工刀、各种螺丝旋具、典型手持电动工具及移动电器的使用；

2）常用低压断路器、热继电器、低压熔断器、漏电保护装置安装和接线；

3）异步电动机检查、异步电动机点动和单方向运行、可逆运行等接触器控制系统安装与调试；

4）异步电动机 Y—△减压启动、自耦减压启动控制系统安装与调试。

5.2.4.3 电气设备维护及常见故障处理

1）低压电气设备维护与常见故障处理；

2）电气线路维护与常见故障处理；

3）低压配电维护与常见故障处理；

4）照明电路维护与常见故障处理。

5.2.4.4 电工测量操作

1）互感器的安装与接线；

2）电能表的安装与接线；

3）钳形电流表、万用表、兆欧表、接地电阻测试仪、单臂电桥等测量仪表的使用。

5.2.4.5 防火防雷设备使用操作

1）灭火器的选择与使用；

2）避雷器和避雷针的安装；

3）接地装置的安装。

5.2.4.6 电工安全用具使用操作

1）基本绝缘安全用具及辅助绝缘安全用具的保管检验及使用；

2）登高用具的正确使用和登高作业；

3）临时接地线、遮栏、标示牌等检修安全用具的使用；

4）利用安全用具进行低压带电作业。

5.2.4.7 触电急救操作

1）使触电者正确脱离电源的方法；

2）触电者脱离电源后的抢救方法；

3）心肺复苏急救方法。

5.3 复审培训内容

5.3.1 典型事故案例分析。

5.3.2 相关法律、法规、标准、规范。

5.3.3 电气方面的新技术、新工艺、新材料。

5.4 培训安排

5.4.1 初次培训时间应不少于148学时，具体培训学时宜符合附表1的规定。

5.4.2 复审培训时间应不少于8学时，具体培训学时宜符合附表2的规定。

6. 考核标准

6.1 考核办法

6.1.1 考核的分类和范围

6.1.1.1 低压电工作业人员的考核分为理论知识考核（包括安全基本知识、安全技术基础知识、安全技术专业知识）和实际操作技能考核两部分。

6.1.1.2 低压电工作业人员的考核范围应符合本标准6.2的规定。

6.1.2 考核方式

6.1.2.1 考核分安全技术理论和实际操作两部分。

6.1.2.2 安全技术理论考核方式为笔试或计算机考试，考试时间为90分钟；实际操作考核方式包括操作和口试等方式。

6.1.2.3 安全技术理论考核和实际操作考核均采用百分制，考核成绩60分及以上者为考核合格。两部分考核均合格者为考核合格。考核不合格者，允许补考1次。

6.1.3 考核内容的层次和比重

6.1.3.1 安全技术知识考核内容分为了解、掌握和熟练掌握三个层次，按20%、30%、50%的比重进行考核。

6.1.3.2 实际操作技能考核内容分为掌握和熟练掌握两个层次，按30%、70%的比重进行考核。

6.2 考核要点

6.2.1 安全基础知识

6.2.1.1 安全生产常识

1）了解我国安全生产方针、法律、法规；

2）了解特种作业人员安全技术培训考核管理规定；

3）掌握电工作业岗位职责和有关电气安全法规、标准。

6.2.1.2 触电事故及现场救护

1）了解电气事故的种类、危险性和电气安全的特点；

2）掌握电伤害的原因和触电事故发生的规律；

3）熟练掌握人身触电的急救方法。

6.2.1.3 防触电技术

1）掌握绝缘、屏护、间距等防止直接电击的措施；

2）掌握保护接地、保护接零、加强绝缘等防止间接电击的措施；

3）掌握双层绝缘、安全电压等防止电击的措施；

4）熟练漏电保护装置的类型、原理和特性参数。

6.2.1.4 电气防火与防爆

1）了解电气火灾发生的原因；

2）掌握电气防火防爆预防措施；

3）熟练掌握电气火灾的灭火原理及扑救方法。

6.2.1.5 防雷与防静电

1）了解雷电与静电的危害；

2）了解静电产生原因和防治；

3）掌握防雷装置与防雷措施。

6.2.2 安全技术基础知识

6.2.2.1 电工基础知识

1）了解电路基础知识；

2）了解电磁感应和磁路的基本知识；

3）了解交流电的基本物理量、三相交流电路的基本知识；

4）了解电子技术基本常识；

5）掌握常用电路图形符号。

6.2.2.2　电工仪表及测量

1）了解电工仪表分类、工作原理及使用要求；

2）了解电压表、电流表、钳形电流表、兆欧表、接地电阻测试仪、电能表、直流单臂电桥、指针式万用表、数字万用表等电工仪表的结构与工作原理；

3）掌握常用电路物理量的测量方法。

6.2.2.3　安全用具与安全标识

1）掌握电气安全用具的种类、性能及用途；

2）掌握安全技术措施和组织措施的具体内容；

3）掌握杆上作业的安全要求；

4）熟练掌握各种安全标志的使用规定。

6.2.2.4　电工工具及移动电气设备

1）掌握电工钳、电工刀、各种螺丝刀、电烙铁等常用电工工具的规格及应用范围；

2）掌握常用的手持式电动工具的使用要求；

3）掌握常用的移动电气设备的使用要求。

6.2.3　安全技术专业知识

6.2.3.1　低压电器设备

1）掌握常用的低压控制电器的一般要求和种类，了解其工作原理；

2）掌握低压配电装置的控制电器、保护电器、二次回路的安全运行技术；

3）掌握常用低压电器及低压配电装置的电气图形符号；

4）熟练掌握低压带电作业要求；

5）熟练掌握低压电器的选用和接线要求。

6.2.3.2　异步电动机

1）了解异步电动机的结构与工作原理；

2）了解异步电动机的运行特性；

3）熟练掌握异步电动机的启动、制动和调速方法；

4）熟练掌握异步电动机的检查、安装及维修的安全技术。

6.2.3.3　电气线路

1）了解电气线路的种类、敷设方式；

2）了解电气线路中常用的电工辅料；

3）掌握导线的种类和选择要求；

4）掌握电气线路的运行维护要求以及过载、短路、失压、欠压、断相等保护基本原理；

5）掌握各类导线连接方法。

6.2.3.4 照明设备

1）了解照明设备的种类；

2）掌握照明装置的安装方法；

3）熟练掌握照明电路故障的检修及维护方法。

6.2.3.5 电力电容器

1）了解并联电力电容器的作用；

2）掌握并联电力电容器的安装要求及安全运行；

3）掌握电力电容器的检查与维修。

6.2.4 实操技能

6.2.4.1 低压电器设备安装与调试操作

1）掌握各种电工钳、电工刀、各种螺丝旋具、典型手持电动工具及移动电器的使用操作；

2）掌握常用电气图的绘制；

3）熟练掌握异步电动机的点动运行、单方向运行、可逆运行等控制电路接线及运行调试；

4）熟练掌握异步电动机自耦减压启动、γ—△启动等控制电路启动方法及接线运行与调试。

6.2.4.2 低压配电及电气照明安装操作

1）掌握各种类型的导线连接操作，并能够正确选择导线类型、颜色及截面；

2）掌握常用灯具的接线、安装和拆卸；

3）掌握三相补偿电容器的安装接线；

4）熟练掌握漏电保护装置的安装与参数调整；

5）熟练掌握电能表的安装接线；

6）熟练掌握低压配电箱的安装。

6.2.4.3 电气设备维护及常见故障处理

1）掌握工厂低压电气设备维护与检修技能；

2）掌握施工现场临时用电系统故障及电电气设备故障的排除技能；

3）掌握电气线路系统及照明电路系统故障的检测与排除技能。

6.2.4.4 电工测量操作

1）掌握接地装置的接地电阻的测量方法；

2）熟练掌握绝缘电阻的测量方法；

3）熟练掌握电压、电流、电阻等参数的测试方法。

6.2.4.5 防火防雷设备使用操作

1）掌握防爆器材实物的识别；

2）掌握防雷设备的安装；

3）掌握接地装置的安装；

4）熟练掌握灭火器材的选择和使用。

6.2.4.6　安全用具使用操作

1）掌握各类安全用具的检查并正确使用；

2）熟练掌握使用合理的安全用具进行低压带电作业操作。

6.2.4.7　触电急救操作

1）掌握使低压触电者正确脱离电源的方法；

2）掌握触电者脱离电源后的抢救方法；

3）熟练掌握心肺复苏触电急救操作方法。

6.3　复审培训考核要点

1）了解典型电气事故发生的原因，掌握避免同类事故发生的安全措施和方法；

2）了解有关电工作业方面的新标准、规范、法律和法规；

3）了解有关的新产品、新技术、新工艺；

4）对上次取证后个人安全生产情况和经验教训进行回顾总结。

表 1　低压电工作业人员安全技术培训学时安排

项目		培训内容	学时
安全技术知识（88学时）	安全基本知识（20学时）	安全生产常识	4
		触电事故及现场救护	4
		防触电技术	4
		电气防火与防爆	4
		防雷和防静电	4
	安全技术基础知识（24学时）	电工基础知识	8
		电工仪表及测量	8
		电工安全用具与安全标识	4
		电工工具及移动电气设备	4
	安全技术专业知识（40学识）	低压电器设备	12
		异步电动机	8
		电气线路	8
		照明设备	8
		电力电容器	4
		复习	2
		考试	2

（续）

项目	培训内容	学时
实际操作技能（60学时）	低压电器设备安装与调试操作	14
	低压配电及电气照明安装操作	10
	电气设备维护与检修操作	12
	电工测量操作	8
	防火防雷设备使用操作	4
	安全用具使用操作	4
	触电急救操作	4
	复习	2
	考试	2
合计		148

表2 低压电工作业人员安全技术复审培训学时安排

项目	培训内容	学时
复审培训	典型事故案例分析 相关法律、法规、标准、规范 电气方面的新技术、新工艺、新材料	不少于8学时
	复习	
	考试	
合计		

四、理论计算机参考试题（部分）

以下内容仅供了解题目类型，请参照考核部门发布的题库。

（一）判断题

1. 特种作业人员必须年满20周岁，且不超过国家法定退休年龄。（   ）

提示：18周岁。

2. 特种作业操作证每1年由考核发证部门复审一次。（   ）

提示：3年。

3. 电工特种作业人员应当具备高中或相当于高中以上文化程度。（   ）

提示：初中以上。

4. 电工作业分为高压电工和低压电工。（   ）

提示：分类为高压电工作业、低压电工作业、防爆电气作业。

5. 特种作业人员未经专门的安全作业培训，未取得相应资格，上岗作业导致事故的，应追究生产经营单位有关人员的责任。（　　）

6. 特种作业操作证每1年由考核发证部门复审一次。（　　）

提示：3年一次。

7. 有美尼尔氏症的人不得从事电工作业。（　　）

8. 安全生产27条，生产经营单位的特种作业人员，必须按照国家有关法律、法规的规定接受专门的安全培训，经考核合格，取得特种作业操作资格证书后，方可上岗作业。（　　）

9. 《安全生产法》所说的"负有安全生产监督管理职责的部门"就是指各级安全生产监督管理部门。（　　）

提示："负有安全生产监督管理职责的部门"就是指各级安全生产监督管理部门以及对有关行业、领域的安全生产工作实施监督管理的部门。

10. 《中华人民共和国安全生产法》第二十七条规定：生产经营单位的特种作业人员必须按照国家有关规定经专门的安全作业培训，取得相应资格，方可上岗作业。（　　）

11. 日常电气设备的维护和保养应由设备管理人员负责。（　　）

提示：操作人员应该做好日常维护和保养工作。

12. 企业、事业单位的职工无特种作业操作证从事特种作业，属违章作业。（　　）

13. 电工应做好用电人员在特殊场所作业的监护作业。（　　）

14. 停电作业安全措施按保安作用依据安全措施分为预见性措施和防护措施。（　　）

15. 验电是保证电气作业安全的技术措施之一。（　　）

16. 电工应严格按照操作规程进行作业。（　　）

17. 当拉下总开关后，线路即视为无电。（　　）

提示：在总开关所属隔离刀闸处于断开位置，并且在检修线路两侧经验电、在临时接地线已接好的情况下可以视为无电。

18. 串联电路中，电流处处相等。（　　）

19. 在串联电路中，电路总电压等于各电阻的分电压之和。（　　）

20. 几个电阻并联后的电阻等于各并联电阻的倒数和。（　　）

提示：并联电路的总电阻的倒数等于各并联电阻的倒数之和。

21. 并联电路的总电压等于各支路电压之和。（　　）

提示：并联电路中，电路中各处电压相等。

22. 并联电路各支路电流不一定相等。（　　）

23. 当导体温度不变时,通过导体的电流与导体两端的电压成正比,与其电阻成反比。（ ）

24. 欧姆定律指出,在一个闭合电路中,当导体温度不变时,通过导体的电流与加在导体两端的电压成反比,与其电阻成正比。（ ）

提示：导体中的电流,跟导体两端的电压成正比,跟导体的电阻成反比。

25. 交流发电机是应用电磁感应的原理发电的。（ ）
26. 规定小磁针的北极所指的方向是磁力线的方向。（ ）
27. 磁力线是一种闭合曲线。（ ）
28. 右手定则是判定直导体做切割磁力线运动时所产生的感生电流方向。（ ）
29. 装了漏电开关后,设备的金属外壳就不需要再进行保护接地或保护接零了。（ ）

提示：必须接,双重保护,确保安全。

30. 触电者神志不清,有心跳,但呼吸停止,应立即进行口对口人工呼吸。（ ）

（二）单项选择题

1. 安全生产法规定,任何单位或者（ ）对事故隐患或者安全生产违法行为,均有权向负有安全生产监督管理职责的部门报告或者举报。
   A. 职工　　　　　　　B. 个人　　　　　　　C. 管理人员

2. 《安全生产法》立法的目的是加强安全生产工作,防止和减少（ ）,保障人民群众生命和财产安全促进经济发展。
   A. 生产安全事故　　　B. 火灾、交通事故　　C. 重大、特大事故

3. 生产经营单位的主要负责人在本单位发生重大生产安全事故后逃匿的,由（ ）处 15 日以下拘留。
   A. 检察机关　　　　　B. 公安机关　　　　　C. 安全生产监督管理部门

4. 特种作业人员必须年满（ ）岁。
   A. 18　　　　　　　　B. 19　　　　　　　　C. 20

5. 特种作业人员在操作证有效期内,连续从事本工种 10 年以上,无违法行为,经考核发证机关同意,操作证复审时间可延长（ ）年。
   A. 6　　　　　　　　 B. 4　　　　　　　　 C. 10

6. 特种作业操作证每（ ）年复审 1 次。
   A. 4　　　　　　　　 B. 5　　　　　　　　 C. 3

7. 国家规定了（ ）个作业类别为特种作业。
   A. 11　　　　　　　　B. 15　　　　　　　　C. 20

8. 下列（ ）是保证电气作业安全的组织措施。
   A. 停电　　　　　　　B. 工作许可制度　　　C. 悬挂接地线

9. （ ）是保证电气作业安全的技术措施之一。
   A. 工作票制度　　　　B. 验电　　　　　　　C. 工作许可制度

10. 用于电工作业的书面依据的工作票一式（　　）份。
    A. 2   B. 3   C. 4
11. 对影响夜间飞机、车辆通行，在建机械设备上安装红色信号灯其电源设置在总开关（　　）。
    A. 左侧   B. 前侧   C. 后侧
12. 装设接地线，当检验明确无电压后，应立即将检修设备接地并（　　）短路。
    A. 两相   B. 单相   C. 三相
13. 更换和检修用电设备时，最好的安全措施是（　　）。
    A. 切断电源   B. 站在凳子上操作   C. 戴橡皮手套操作
14. 根据《供电质量电压允许偏差》规定 10kV 及以下的三相供电电压允许偏差为额定电压的（　　）%。
    A. ±5   B. ±7   C. ±10
15. 下面（　　）属于顺磁材料。
    A. 水   B. 铜   C. 空气
16. 串联电路中各电阻两端电压的关系是（　　）。
    A. 阻值越小两端电压越高   B. 各电阻两端电压相等   C. 阻值越大两端电压越高
17. 碳在自然界中有金钢石和石墨两种存在形式，其中石墨是（　　）。
    A. 绝缘体   B. 导体   C. 半导体
18. 交流电路中电流比电压滞后 90° 该电路属于（　　）电路。
    A. 纯电阻   B. 纯电感   C. 纯电容
19. 电动势的方向（　　）。
    A. 从负极指向正   B. 从正极指向负   C. 与电压方向相同
20. 三相对称交流电源星形连接中，线电压超前于所对应的相电压（　　）。
    A. 30°   B. 90°   C. 120°
21. 交流 10kV 母线电压是指交流三相三线制的（　　）。
    A. 线电压   B. 相电   C. 线路电压
22. 在一个闭合的会路中，电流的强度与电源的电动势成正比，与电路中的内电阻和外电阻之和成反比，这一定律称为（　　）。
    A. 全电路欧姆定律   B. 全电路电流定律   C. 部分电路欧姆定律
23. 载流导体在磁场中将会受到（　　）的作用。
    A. 磁通   B. 电磁力   C. 电动势
24. 三相对称负载接成星形时，三相总电流（　　）。
    A. 等于零   B. 等于其中一相电流
    C. 等于其中一相电流的三倍
25. 载流导体在磁场中将受到（　　）的作用。
    A. 电磁力   B. 磁通   C. 电动势

26. 磁场力的大小与导体的有效长度成（　　）。
    A. 正比　　　　　　　　B. 反比　　　　　　　　C. 不变

27. 在均匀磁场中，通过某一平面的磁通量为最大时，这个平面就和磁力线（　　）。
    A. 平行　　　　　　　　B. 垂直　　　　　　　　C. 斜交

28. 按照计数方法，电工仪表主要分为指针式仪表和（　　）仪表。
    A. 电动　　　　　　　　B. 数字　　　　　　　　C. 比较

29. 一般电器所标和仪表上所指示交流电压、电流的数值都是（　　）。
    A. 最大值　　　　　　　B. 有效值　　　　　　　C. 平均值

30. （　　）仪表可直接用于交、直流测量，且精确度高。
    A. 电磁式　　　　　　　B. 磁电式　　　　　　　C. 电动式

31. 测量电压时，电压表应与被测电路（　　）。
    A. 串联　　　　　　　　B. 并联　　　　　　　　C. 正接

32. 钳形电流表利用（　　）组成
    A. 电流互感器　　　　　B. 电压互感器　　　　　C. 变阻器

33. 钳形电流表使用时，应先用比较大的量程，然后再视被测电流的大小变换量程。切换量程应（　　）。
    A. 直接转换量程开关　　B. 一边进线一边换档
    C. 先将钳口打开再转动量程开关

34. 钳形电流表测量电流时，可以在（　　）电路的情况下进行。
    A. 断开　　　　　　　　B. 短接　　　　　　　　C. 不断开

35. 万用表实质是一个带整流器的（　　）仪表。
    A. 电动式　　　　　　　B. 电磁式　　　　　　　C. 磁电式

36. 万用表由表头、（　　）及转换开关三个主要部分组成。
    A. 线圈　　　　　　　　B. 测量电路　　　　　　C. 指针

37. 兆欧表两个主要组成部分是手摇（　　）和磁电式流比计。
    A. 交流发电机　　　　　B. 直流发电机　　　　　C. 电流互感器

38. 接地电阻测量仪主要由手摇发电机、（　　）、电位器，以及检流计组成。
    A. 电压互感器　　　　　B. 电流互感器　　　　　C. 变压器

39. 电能表是测量（　　）的仪器。
    A. 电压　　　　　　　　B. 电流　　　　　　　　C. 电度数

40. 绝缘安全用具分（　　）的和辅助的安全工具。
    A. 直接　　　　　　　　B. 间接　　　　　　　　C. 基本

41. 保险绳使用时应（　　）。
    A. 低挂高用　　　　　　B. 高挂低用　　　　　　C. 保证安全

42. 登杆前，应对脚扣进行（　　）。
    A. 人体载荷冲击试验　　B. 人体静载荷试验　　　C. 人体载荷拉伸试验

43. 尖嘴钳 150mm 的长度是（　　）。
　　A. 其绝缘手柄长 150mm　　B. 其总长度为 150mm　　C. 其开口为 150mm
44. 电烙铁用于（　　）导线的接头等。
　　A. 风焊　　　　　　　　　B. 铜焊　　　　　　　　C. 锡焊
45. 使用剥线钳应选用比导线直径（　　）的刀口。
　　A. 相同　　　　　　　　　B. 稍大　　　　　　　　C. 较大
46. 电流对人体热效应造成的伤害是（　　）。
　　A. 电烧伤　　　　　　　　B. 电烙印　　　　　　　C. 皮肤金属化
47. 如果触电者心跳停止，有呼吸，应立即对触电者施行（　　）急救。
　　A. 仰卧压胸法　　　　　　B. 胸外心脏按压法　　　C. 俯卧压背法
48. 当人体直接碰触带电设备其中的一相时，电流通过人体流入大地，这种触电现象称为（　　）。
　　A. 单相触电　　　　　　　B. 两相触电　　　　　　C. 三相触电
49. 带电体的电压越高，要求其空间距离就（　　）。
　　A. 一样　　　　　　　　　B. 越小　　　　　　　　C. 越大
50. 特低电压值是指在任何情况下，任意两导体之间出现的（　　）值。
　　A. 最小　　　　　　　　　B. 最大　　　　　　　　C. 中间

五、实操考试参考试题（部分）

以下内容仅供了解题目类型，各省市标准不同，请参照考核部门发布的题库。

科目一：安全用具使用
1. 电工仪表安全使用
2. 电工安全用具使用
3. 电工安全标识的辨别

题目3选1：10个图片题，分值20分，考试时间10分钟。

科目二：安全操作技术：接线、排故题

两块（A、B）考板二选一：分值40分，考试时间30分钟。

科目三：作业现场安全隐患排查

图片视频题：共5题，分值20分，考试时间5分钟。

科目四：作业现场应急处置
1. 触电事故现场的应急处理
2. 单人徒手心肺复苏
3. 灭火器模拟考试

题目3选1：分值20分。

参 考 文 献

[1] 吴荣辉. 彩色图解新能源汽车结构原理与检修 [M]. 北京：机械工业出版社，2020.
[2] 吴荣辉. 新能源汽车认知与应用 [M]. 北京：机械工业出版社，2018.
[3] 赵金国，李治国. 新能源汽车高压安全与防护 [M]. 北京：人民交通出版社，2017.

机械工业出版社 | 汽车分社

读者服务

机械工业出版社立足工程科技主业,坚持传播工业技术、工匠技能和工业文化,是集专业出版、教育出版和大众出版于一体的大型综合性科技出版机构。旗下汽车分社面向汽车全产业链提供知识服务,出版服务覆盖包括工程技术人员、研究人员、管理人员等在内的汽车产业从业者,高等院校、职业院校汽车专业师生和广大汽车爱好者、消费者。

一、意见反馈

感谢您购买机械工业出版社出版的图书。我们一直致力于"以专业铸就品质,让阅读更有价值",这离不开您的支持!如果您对本书有任何建议或意见,请您反馈给我。我社长期接收汽车技术、交通技术、汽车维修、汽车科普、汽车管理及汽车类、交通类教材方面的稿件,欢迎来电来函咨询。

咨询电话:010-88379353　　编辑信箱:cmpzhq@163.com

二、课件下载

选用本书作为教材,免费赠送电子课件等教学资源供授课教师使用,请添加客服人员微信手机号"13683016884"咨询详情;亦可在机械工业出版社教育服务网(www.cmpedu.com)注册后免费下载。

三、教师服务

机工汽车教师群为您提供教学样书申领、最新教材信息、教材特色介绍、专业教材推荐、出版合作咨询等服务,还可免费收看大咖直播课,参加有奖赠书活动,更有机会获得签名版图书、购书优惠券。

加入方式:搜索 QQ 群号码 317137009,加入机工汽车教师群 2 群。请您加入时备注院校 + 专业 + 姓名。

四、购书渠道

机工汽车小编
13683016884

我社出版的图书在京东、当当、淘宝、天猫及全国各大新华书店均有销售。

团购热线:010-88379735

零售热线:010-68326294　88379203

推荐阅读

书号	书名	作者	定价（元）
智能网联、新能源汽车专业教材			
9787111702696	智能网联汽车技术原理与应用（彩色版）	程增木　杨胜兵	65
9787111710318	新能源汽车检测与故障诊断技术（彩色版配实训工单）	吴海东　等	69
9787111707585	新能源汽车电动空调　转向和制动系统检修（彩色版配实训工单）	王景智　等	69
9787111702931	新能源汽车整车控制系统检修（彩色版配实训工单）	吴东盛　等	69
9787111701637	新能源汽车动力电池及管理系统检修（彩色版配实训工单）	吴海东　等	59
9787111707165	新能源汽车技术概论（全彩印刷）	赵振宁	55
9787111706717	纯电动汽车构造原理与检修（全彩印刷）	赵振宁	59
9787111587590	纯电动/混合动力汽车结构原理与检修（配实训工单）（全彩印刷）	金希计　吴荣辉	59.9
9787111709565	新能源汽车维护与故障诊断（配实训工单）（全彩印刷）	林康　吴荣辉	59
9787111700524	新能源汽车整车控制系统诊断（双色印刷）	赵振宁	55
9787111699545	智能网联汽车概论（全彩印刷）	吴荣辉　吴论生	59.9
9787111670469	新能源汽车结构原理与检修（彩色版）	康杰　等	55
9787111684862	智能网联汽车技术概论（彩色版配视频）	程增木　康杰	55
9787111674559	混合动力汽车结构与检修一体化教程（彩色版）（附赠习题册含工作任务单）	汤茂银	55
传统汽车专业教材			
9787111678892	汽车构造与原理　（彩色版）	谢伟钢　范盈圻	59
9787111687351	汽车自动变速器原理与诊断维修　（彩色版）	张月相　张雾琳	65
9787111704225	汽车机械基础一体化教程（彩色版配实训工作页）	广东合赢	59
9787111698098	汽车检测与故障诊断一体化教程（彩色版配工作页）	秦志刚　梁卫强	69
9787111699934	汽车舒适与安全系统原理检修一体化教程（配任务工单）	栾琪文	59.9
9787111711667	汽车发动机电控系统结构原理与检修（彩色版配实训工单）	李先伟　吴荣辉	59
9787111689218	汽车底盘电控系统原理与检修一体化教程（彩色版）（附实训工作页）	杨智勇　金艳秋　翟静	69
9787111676836	汽车底盘机械系统构造与检修一体化教程（全彩印刷）	杨智勇　黄艳玲　李培军	59
9787111699637	汽车电气设备结构原理与检修（配实训工单）（全彩印刷）	管伟雄　吴荣辉	69